特殊需要儿童
语言行为教学实用教程

凤 华 梁 斐 周婉琪 / 著

重庆大学出版社

图书在版编目(CIP)数据

特殊需要儿童语言行为教学实用教程 / 凤华,梁斐,
周婉琪著 . -- 重庆：重庆大学出版社,2025.7.
ISBN 978-7-5689-5379-5

Ⅰ. G764

中国国家版本馆 CIP 数据核字第 2025J5D405 号

特殊需要儿童语言行为教学实用教程
TESHU XUYAO ERTONG YUYAN XINGWEI JIAOXUE
SHIYONG JIAOCHENG

凤 华 梁 斐 周婉琪 著
策划编辑:陈 曦
责任编辑:陈 曦　　版式设计:允 在
责任校对:谢 芳　　责任印制:张 策

＊

重庆大学出版社出版发行
社址:重庆市沙坪坝区大学城西路 21 号
邮编:401331
电话:(023)88617190　88617185(中小学)
传真:(023)88617186　88617166
网址:http: / / www.cqup.com.cn
邮箱:fxk@cqup.com.cn(营销中心)
重庆亘鑫印务有限公司印刷

＊

开本:787mm×1092mm 1 / 16　印张:10.75 字数:188 千
2025 年 7 月第 1 版　　2025 年 7 月第 1 次印刷
ISBN 978-7-5689-5379-5　　定价:58.00 元

目　录

第一部分

第一章　语言行为概论 ·· 3

　　第一节　语言行为基本概念 ···································· 4

　　第二节　基础语言的行为分析 ·································· 6

　　第三节　听者的内涵与教学模式 ······························ 10

第二章　提要求的概念及教学实务 ······························ 17

　　第一节　提要求的基本概念 ···································· 18

　　第二节　影响提要求的相关因素 ······························ 23

　　第三节　提要求教学实务 ······································ 27

第三章　"语触"及其他基础语言操作的概念与实务 ··············· 32

　　第一节　"语触"概述 ··· 33

　　第二节　语触教学实务 ·· 39

　　第三节　其他基础语言操作概述与教学 ························ 45

第四章　进阶语言行为概述与教学 ······························ 51

　　第一节　复杂语言行为概述 ···································· 52

　　第二节　复杂语言行为教学实务 ······························ 59

第二部分　语言行为——教学设计篇

第一节　前听者的教学设计 ………………………………………66

第二节　听者相关课程的教学设计 ………………………………84

第三节　基础操作语言——说者相关课程的教学设计 ………………105

第四节　进阶语言行为教学设计（说者延伸语言操作）……………139

参考文献 …………………………………………………………162

第一部分

B. F. Skinner 在一次友人的聚会中，被一知名学者打趣说："虽然行为主义确实能解释人类大部分的行为，但却不能解释语言。"这样的话，深深冲击了Skinner，他为证明行为主义的概念绝对是可以用来分析语言的，开始了另一方向的思考——如何将行为概念运用在语言的分析上，于是乎《语言行为》（*Verbal Behavior*）这本巨作诞生。

摘录自 B. F. Skinner,《语言行为》封底

《语言行为》一书的问世，B. F. Skinner 花了二十年的时间才完成，为证明行为分析亦能运用于分析语言。这本经典著作的诞生，为众多语言发展困难或迟缓的孩子开启崭新的一扇窗，其中受惠最深的就是孤独症患者。本书将依据 Skinner "语言行为"的观点来说明如何以行为之观点来分析语言，并分章节依序说明不同类型的语言操作行为，第一章先介绍语言行为的相关概念，同时介绍听者内涵及相关教学实务；第二章将阐述提要求（mand）的概念及教学实务，第三章说明"语触"及其他基础语言操作的概念与实务，第四章则介绍进阶语言操作的概念与实务运用。

第一章

语言行为概论

1.了解语言行为的基本概念。

2.学会以操作制约方式解析语言。

3.能描述前听者与听者的重要内涵。

4.能描述促进听者发展的教学模式。

本章聚焦

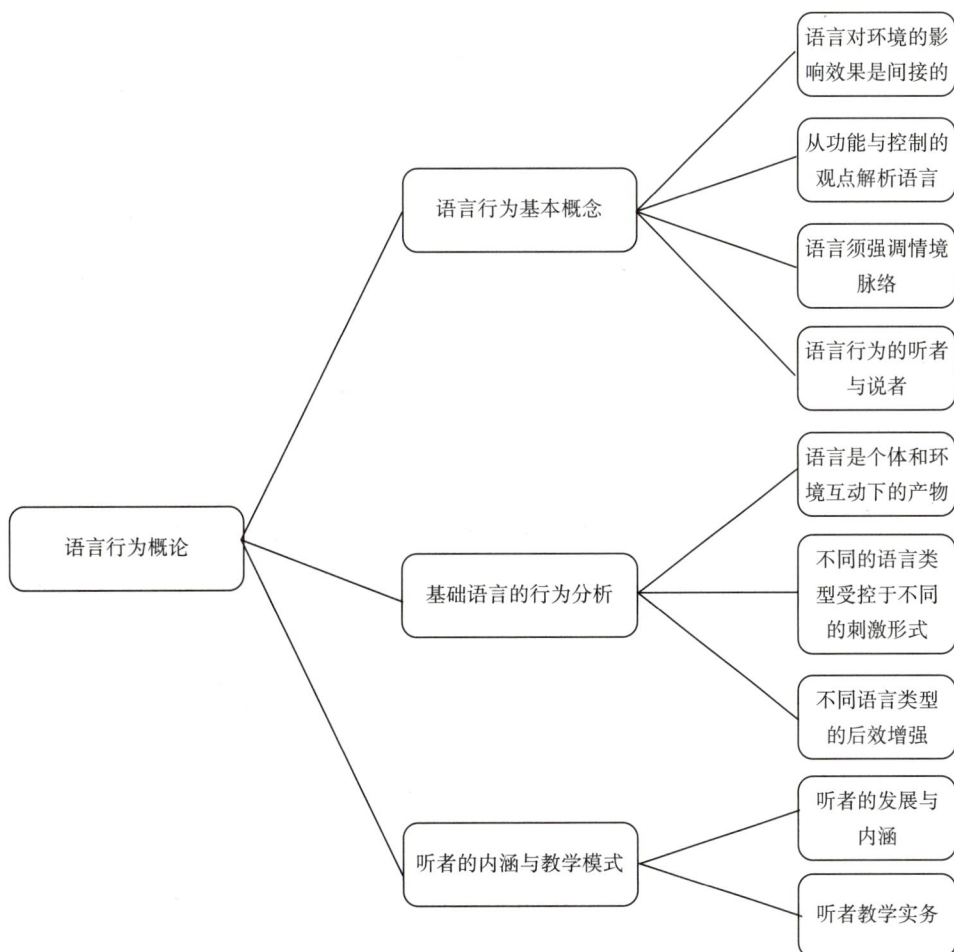

第一节　语言行为基本概念

常见的分析语言的方式，是将语言解构成五种元素：①语音（phoneme），中文有三十七音位；②词位（morpheme），构成语意最基本的单位；③语法（syntax），专门研究句子法则的知识；④语意（semantics），专门研究词位知识的领域；⑤语用，研究语言在生活中的运用形态（张春兴，1994）。虽然此架构清楚明确，然而在教学现场却可能面临挑战：幼儿在发展口语前，需要先学会对语音的辨识以及能正确发音，要正确发音则须具备模仿能力，对于不具备模仿能力的障碍者是无法从发音训练开启口语沟通能力的；Skinner提供了另一套解析语言的框架，也为这些发展弱势者开启一道曙光。然在正式理解Skinner的"语言行为"概念前，应先理解Skinner在其论述中的几个重要前提观点，以利于后续更细致的解析，以下就依序说明。

一、语言对环境的影响效果是间接的

Skinner（1957）在其首章中将"语言行为"定义为借助他人而受到强化的行为。换言之，语言是间接地对环境产生影响效果。当讨论行为与环境互动的关联时，若是涉及由机械动作来改变环境，通常会产生直接的影响效果，并从产生的效果中建立或修正其间的关联。比如拿起一件物品的动作，会随着不同的抓握方式产生不同的效果，也因为各种尝试的后果经验，最终产生最适宜的抓握方式。然而，斯金纳特别指出，语言对环境的影响是间接的，需借助其他人来达成。例如，一个处于饥饿状态的小孩，只要对妈妈说"我要吃饼干"，就会获得饼干，取得饼干的过程是通过发出声音行为引发某人拿食物给他的，而不是借助机械动作取得的。其他诸如，请他人帮忙拿取物品，或是下命令之后，他人产生相对应的行为（如，老师说：小名去操场跑五圈，小名就去操场跑了五圈）。

二、从功能与控制的观点解析语言

Skinner（1957）指出，过往心理语言学对于语言的解析会出现两种状况，第一种解析是人们倾向解读"声音"是用来传递个体"心中的想法"的，但要证明此论点是有困难的，因为"想法"是无法被独立观察到的；第二种方式是诉诸图像，虽然图像可以具象化，但是并非所有的语言皆能以具象化的图像表述。据此，为避免陷入此种困境，Skinner采用功能的角度解析语言，个体经由语言达成一些作用、目的或功能，也借由与另一个个体的交流中产生对环境的控制。简言之，语言主要的功能是达成人与人之间沟通的目的。具功能的沟通其重要元素必须包含说话者、听话者以及沟通意图（Frost & Bondy, 1994；2002）。换言之，语言的功能必须要建立在说者有其沟通意图，并通过与听者的信息交流与回应而成。因此，语言的教学首重沟通意图。其次，要使语言的功能持续，语言的控制性必须要通过沟通的过程达成，如此语言才能产生持续性。举例来说，说者饿了想要吃东西，听者手上有饼干，说者对听者说："我要饼干"，听者将饼干给说者。此时说者的语言行为同时完成了沟通意图的传递（例如，我要饼干），以及控制（例如，听者将饼干给说者），说者通过此次经验，发现语言的功能（例如，沟通意图的传递及控制），语言对说者自然产生意义及学习的动机。

或是说者看到有趣的对象，如蝴蝶、飞机等，可通过命名该对象名称而取得他人的响应并获得强化，语言此时展现一种信息交流的功能。

三、语言须强调情境脉络

语言主要的功能就是沟通与控制，沟通要明确清楚，情境脉络的掌握最为首要。

在不同的情境下，相同的语言确实可能具有不同的意涵，例如，某人说"饼干"，有可能是闻到饼干的味道而说出饼干（语触），或是肚子饿了想吃饼干而说出饼干（受控于动机的要求），或是听到饼干而重复该语词（复诵），或是接续他人说"糖果……"之后的反应（交互式语言），括号中的说明正是Skinner（1957）对基础语言行为的分类，Skinner是依据语言之前的情境脉络（或称前事刺激）而定义出各种语言的类型；因此，如果要推广功能的沟通训练，肯定脱离不了情境，而《语言行为》这本书中，对语言的分类与解析为功能性的语言提供了新的典范。此外，语言也是一种行为，行为是个体在与环境互动中学习的结果，受前事刺激的引发及环境的后果所修正的产物。对学习的产生过程，Skinner 的语言行为也做了清楚的解析，对教学具有积极的实际意义。

四、语言行为的听者与说者

Skinner（1957）使用"说者"（speaker）与"听者"（listener）来界定语言互动中的两方人物，并认为两者相互依赖，互为表里。虽然《语言行为》是以"说者"作为分析主轴的，不过他也强调，听者必须要建立在理解说者语意的能力上，Skinner 曾明确指出："……听者的部分行为相似于说者，特别是当听者听懂了说话者的意涵时"（Skinner, 1957, p. 10）。因此，听者不只是单纯的接受反应而已，其中还包含有说者的成分（亦即，理解说话语意的成分）；此外，Skinner 亦强调"听者"是包含对说者语意的理解以及区辨的回应，是一种主动反应的状态。此概念可以用以区别听者与接受性语言，接受性语言从字面上容易联结到接受的部分，乍听之下会等同于被动的接受，但是却忽略了在听的过程中还包含有说者或主动理解的成分。此外，听者的受控刺激并不限于语言刺激，例如，Tu（2006）指出当听者接受到"给我杯子"的指令时，听者的行为是同时受控于语言刺激（例如，声音：杯子）及非语言刺激（例如，杯子本身），说明听者不是单纯的受控于单项刺激，而是一种多重控制的现象。由此可见，听者与说者都是相当复杂的概念，而 Schlinger（2008）也强调听者的行为本身是说者的前身，也是一种先听懂后才会有说者的反应，显示二者的关系是密不可分的。

第二节　基础语言的行为分析

不同于其他行为分析的概念，Skinner 认为语言行为是人类特有的社群产物，因此，是约定俗成的，受整个大的语言社群所主导，也因应其特有的行为形态。行为主义对行为的界定，强调的是环境与个体反应的互动关系，其中环境又包含有动机操作（MO）、前事刺激及环境后果（Cooper, Heron & Heward, 2007；2021），将环境与行为反应联结而成的就是行为主义强调的基本行为法则，简称四期后效 MO／A–B–C 法则。此法则可以用来解释所有可以被定义或观察到的行为，当然，对语言的分析，也脱离不了 MO／A-B-C 法则的运用，以下说明基础语言操作的特性。

一、语言是个体和环境互动下的产物

语言行为依照 MO／A-B-C 法则分析后，可明确看出语言行为就是个体与环境互动的产物，环境中的前事刺激（A）依据不同的语言类型而有不同的刺激形态，其中包含有听者、非语言刺激及语言刺激（如，声音、文字）等；而环境中的后果（C）则扮演重要的后效增强作用。而动机是促进语言沟通的重要推手，特别是有关表达要求的语言类型，动机是主要促发因子。Skinner 为充分显示语言可以从行为主义的观点来界定，将语言以操作制约的方式分为6大基础语言操作，以下简略说明这6类基础语言操作的概念（Skinner, 1957）：

（1）提要求（mand）：以口语或其他非口语形式（图片或手势）要求个人任何所想要的事物——如物体、活动、信息等。环境刺激包含环境中的听者、说者的动机状态及行为之后获得的刺激物。

（2）复诵（echoic）：说者能准确复述所听见的信息。环境刺激源包含听觉刺激及类化制约强化物。

（3）语触（tact）：口头说出环境中非语言刺激物，如命名物品、动作、事件等。环境刺激源包含环境中的非语言刺激物及类化制约强化物。

（4）交互式语言（intraverbal）：回答问题或进行对话，且回答受控于所问的语句。其中环境刺激为语言刺激，后效强化为类化制约强化物。

（5）逐字读（textual）：看到印刷品文字能逐字读文字。环境刺激源为语言刺激，后效为类化制约强化物（如，很棒）。

（6）转录（transcript）：依据听到的声音刺激写出对应的文字。其中环境刺激源是语言刺激，后效为类化制约强化物。

表1-1清楚呈现这六种基础语言操作在MO／A-B-C原则下所呈现的语言行为特性。

表1-1　基础语言行为之 MO ／ A–B–C 分析

基础语言 行为类别	MO（动机操作）／ A（前事刺激）	B（行为）	C（后果）
提要求	沟通意图／听者 （主要受控于 MO）	以"口语／图片交换／手势 ／手语"方式表达需求 （如，我要糖果）	获得想要的物品 （如，得到糖果）
语触（命 名）	环境中所有非语言刺激 （如，一颗苹果）	指出或说出环境刺激（如， 苹果）	获得类化制约增强 （如，对，这是 苹果）
复诵	语言刺激 （如，娃娃在哭）	说出和 A 相同的语言刺激 （如，娃娃在哭）	获得类化制约增强 （如，说的很好）
交互式语 言	语言刺激 （如，你叫什么名字）	回应 A 的语言 （如，我叫×××）	获得类化制约增强 （如，喔，你叫×××）
逐字读	印刷品的语言刺激	看到文字能念出声音 （如，看到印刷品文字"老 师"，能说出"老师"）	获得类化制约增强 （如，说对了）
转录	语言刺激 （如，老师说"早上"）	写出听到的语言刺激 （如，听到老师说"早上"， 能写出"早上"两个字）	获得类化制约增强 （如，写得很正确）

二、不同的语言类型受控于不同的刺激形式

Skinner 为充分显示语言可以从行为主义的观点来界定，将语言依其不同的功能做了有别于其他语言的分类方式，分类的架构依据 Skinner 原书的概念，是

依照语言受控的不同前事刺激而进行分类（Skinner, 1957）：

（1）受控于动机的语言行为：提要求是受控于个体所想要的事物，如物品、活动、信息等。

（2）受控于非语言刺激的语言行为：语触受控于环境的刺激，说者对有直接接触的事物和动作及环境中的非语言刺激进行唤名。

（3）受控于语言刺激的语言行为：

① 复诵：说者复述的语言行为受控于所听到的语言刺激。

②交互式语言：说者语言的回应受控于前事的语言刺激。

③逐字读：受控于书面语言刺激，逐字读是指读出所看到的书面文字。

④转录：受控于听觉语言刺激，转录是指写出听到的语言。

为更精准地界定不同语言操作，除了上述的动机、语言刺激及非语言刺激外，Skinner（1957）又增加两个分类元素——定点对应关系（point-to-point correspondence）及形式相似性（formal similarity）。定点对应关系意思是语言形式呈现点对点的对应，如某人听到dog，说出dog，二者呈现语言的点对点（d-d, o-o, g-g）的对应关系，或是看到dog（文字），说出dog，这也是定点对应的范例。形式相似性则涉及前事刺激与语言反应的形态上的一致与否。如上述的范例，听到dog，说出dog，都是以听觉的形态呈现，此语言具有形式相似性；若是某人看到dog（文字），说出dog，前者的形态为视觉刺激，后者是属于声音刺激，此语言反应就没有具备形式相似性的特点。

图1-1即是不同语言形式受控的元素路径分析。其中如果个体的语言是同时受控于动机，则是提要求的语言；其他几种基础语言操作皆受控于区辨刺激。区辨刺激下又分为语言刺激及非语言刺激，如果该语言的前事刺激是受控于区辨刺激中的非语言刺激，则是语触；若是受控于区辨刺激下的语言刺激但没有定点的对应，则是交互式语言；若是受控于语言刺激，有定点的对应且具形式相似性，则是复诵的语言，有定点对应但没有形式相似性，则是逐字读及转录（Sundberg, 2007）。

三、不同语言类型的后效增强

这6种基础语言操作其后效增强的类型，除了提要求的后效增强是获得说者想要的物品外，其他类型的基础语言行为的后果是获得类化制约增强。若从一般发展儿童的观点切入，提要求以外的其他基础语言操作，最有效力的后效强化物应属获得社会赞许。

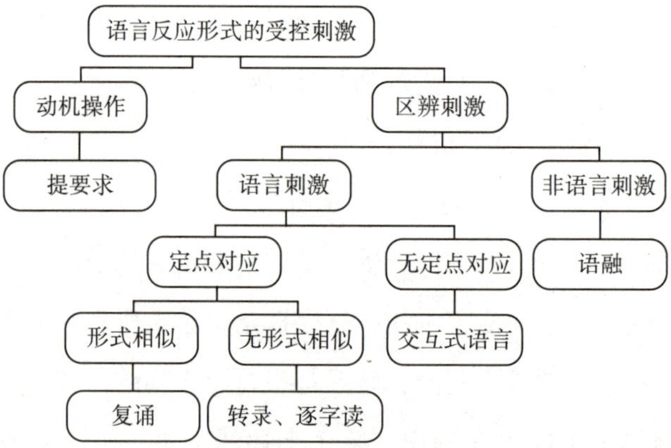

图1-1　不同语言形式受控的元素路径分析

依照行为分析的方式解析语言，语言不再只是语音、语意、语法等不同元素的组合，而是与环境互动的产物。因此，只要在学生的学习环境中安排适当的前事刺激与后效增强，语言行为的习得就可以获得预期成效；语言的学习不再是困难的发音问题或学生发展成熟与否的问题，而是环境安排适切与否的问题。换言之，语言的教学在教学者可以掌控的范围内，而学习的成果也是可以期待的。教学者必须谨记在心的是，所有语言的习得都是通过正增强的方式强化其语言行为的发生，因此，在教学过程中是没有任何负向后果的使用。简言之，语言的教学应该是在充满愉悦的学习环境中完成的。

第三节　听者的内涵与教学模式

有关语言方面的研究，通常是以说者的角度为解析重点，Skinner语言行为也是以说者的角度切入。然而，Skinner（1957）特别指出：说者和听者的行为一起组成所谓的"完整的语言桥段"（p.2）。他也在书中强调，假如对于语言行为要完整地解释，那么"我们需要区分却交织地说明说者和听者二人的行为"（p.34）。此段话充分展现了听者在语言行为中是一个不可或缺的角色；"听、说、读、写"泛指人类语言学习的自然法则，其中"听"是首要的发展阶段。本节即针对听者的发展特性及其内涵进行探究，并提供相关实证介入研究，以供参考。

一、听者的发展与内涵

（一）听者的发展初期——前听者

出生后，婴幼儿会经历至少1—2年的时间才会正式开口说话，此阶段婴儿正处于前听者到听者阶段。婴儿从出生后就对人脸及声音感兴趣，主要照顾者常以口语搭配各种喂食、拥抱及各式原级强化物配对，其声音就逐渐形塑成婴儿的一种制约强化物（conditioned reinforcer）（Cooper et al., 2007）。依据 Greer、Pohl、Du 和 Moschella（2017）的观点，此阶段的具体表征是发展出对声音及对人的注意行为，并具备声音配对，以及区分人的声音（不同于环境中的声音）的能力。若在发展过程缺乏这些行为，则需要接受相关训练，如，制约声音为强化物，跨感官配对及声音配对等课程。

（二）听者具有主动性

一般印象常误以为听者是被动接收说者信息的接听者。Skinner 清楚指出，听者包含对说者语意的理解以及区辨的回应，因而听者是一种主动反应；Moin 等人（2024）也强调听者具主动性之外，对说者具有相当程度的影响力，其中包含听者正向的回应影响说者的流畅度、清晰度及自我肯定。

（三）听者技能的浮现

儿童出现听者技能是语言发展一个重要分水岭（Greer et al., 2017; Greer & Ross, 2008），听者技能的具体表现是个体能完全受控于说者的声音，其中包含动作与声音（指令）的对应关系，如听到举手会做出举手动作，听到拍手会做出拍手动作。训练听者技能浮现可采用区分教学结合速率训练的方式，最终目标 Greer 和 Ross（2008）建议儿童在一分钟之内至少完成30个简单的动作指令，实务操作则建议至少一分钟内完成20个指令。要训练接受指令，需确认儿童具备以下先备技能：如能端坐在椅子持续5分钟以上、听到唤名能有反应、有眼神接触及能做出给我的反应等。

（四）听者中的共享控制

共享控制（joint control）最早由 Lowenkron（1991）提出，主要是强调听者的反应，是受控于两种不同的基础语言操作——复诵及口说命名所产生的刺激控制现象。共享控制在实务的运用，主要是针对学习连续听指令（如，拿出课本、铅笔和作业单）、或听者命名（例如，连续听者命名：找出苹果和葡萄）时，为可能会遭遇学习困难的学生提供新的教学观点（凤华、孙文菊、于晓晖，2022）。研究指出，儿童在学习听者命名时，若能掌握共享控制的主要元素——复诵及口说命名，则较容易学会连续听指令或连续听者命名的能力。其中，针对无口语的学生，复诵及命名则可以采用手语代替口说反应（Causin et al., 2013; Tu, 2006）。从图1-2中可以较为清楚地理解共享控制的内涵。当教学者说"请找出香蕉、苹果"，学生会在5张图片中搜寻目标刺激物，虚线内所呈现的就是学生在搜寻目标刺激物时会出现的系列反应，首先会出现复诵、若尚未立即找到目标物会接着复述目标物的名称，直到找到目标图片，此时就会出现语触（口说命名）的反应。

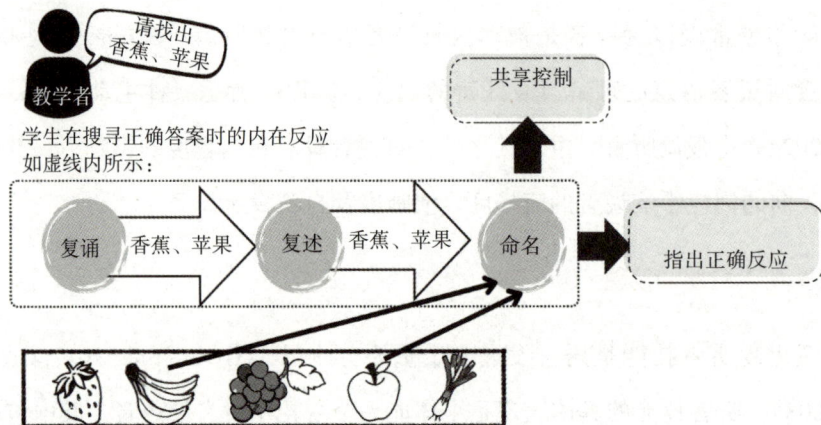

注：复述是指搜寻过程中听者会不断复述要搜寻的目标刺激物

图1-2　共享控制示意图

简言之，共享控制是听者命名或复杂排序等行为反应过程中的的重要中介历程，也是一种结合听者与说者二者能力的展现。教学者若能掌握其内在运作的历程，在教导听者命名及排序时，学生则可掌握要领，以达事半功倍的效果。

二、听者教学实务

依据上述讨论，促进听者的教学实务会聚焦下列几种教学法，首先是刺激配对教学，某些特殊儿童在自然发展中无法将声音配对成自动强化物，经由配对可以让这些儿童喜欢听到人的声音。接着介绍基础专注力训练，便于后续能顺利执行听者训练课程；第三种教学法为流畅度训练，主要目标是促进听者能力的浮现，最后则简要介绍共享控制力的训练方法，以促进个体能顺利建立复杂听者能力。

（一）刺激配对教学

无条件反射的基本概念就是刺激配对原理。此概念是将中性刺激与一项无条件刺激配对，配对后中性刺激取得无条件刺激的特性，而建立一个新的刺激——反应的联结关系。例如，制约声音为强化物的做法就是将声音（中性刺激）与具增强特性的无条件刺激物配对出现，让声音具备该无条件刺激物的特性，在此过程中，个体对原本的中性刺激建立了新的刺激反应联结关系——声音可引发愉快的心情，此种制约过程则属于无条件反射的范畴，如表1-2所示。然而，若是在配对的过程，原本中性的刺激物经过和强化物配对后，变成了条件强化物，对个体行为产生的是增强作用，特别是自动增强的作用，这部分属于操作性条件反射的范畴。例如，在婴儿和母亲的互动中，母亲的声音和各式各样的原级强化物配对在一起（例如：食物、拥抱）而成为条件强化物，后续婴儿就以自动化的方式发出声音以获得增强，此时的发声也同时产生自动增强（Cooper et al., 2007; Novak & Pelaez, 2004），如表1-3所示。Greer和Ross（2008）运用刺激配对的方式，联结中性刺激物（例如：乐器、书本等）和原级刺激物或次级刺激物（社会性赞美），结果是孩童在自由活动时间会自动选择从事这些原本非偏好性的活动（例如：弹奏乐器、看书）。研究显示善用此教学方式，可教导孤独症儿童对玩具以及书本产生兴趣，不仅减少了无意义的自我刺激行为，更重要的是拓展了儿童对不同物品的兴趣。

表1-2　无条件反射刺激配对的制约前及刺激配对过程

制约前	刺激配对过程	说明
对声音没有反应	声音搭配无条件刺激物： 声音（中性刺激）+牛奶→微笑 （愉快心情）	制约后，声音具备无条件刺激物的特性，产生新的关系： 声音→微笑（愉快心情）

表1-3　以操作性条件作用进行配对的程序与结果

制约前	刺激配对过程	说明
没有发音或频率很低	大人发出特定声音并同时给予小孩喜欢的感官刺激	发声行为持续增加。小孩逐渐发出声音，不需大人特别的增强，发声同时成为自动增强
对书本没兴趣	大人和小孩一同看书，同时给予小孩社会性赞美或联结小孩喜欢的活动（如表演书中有趣的动作），此时看书的行为同时得到增强	看书兴趣得到增强，看书行为持续增加。如，小孩逐渐喜欢看书，或在自由时间选择自己阅读看书，成为自动增强

（二）基础专注力训练

进行听者训练前，需确认学习者具备基础专注力。整合 Striefel（1974）、Greer 和 Ross（2008）及 Cooper 等人（2020）对专注力的界定，其中有几项重要技能：①听到坐下能坐在椅子上，②至少安坐5分钟，③被唤名时会看向教学者，④能跟随教学者的手指示看向指定的物品。以下简要说明几项与专注力有关技能的训练及其要点：

（1）能听指令坐下：听到坐下，能于3秒内坐下，教学初期可搭配肢体协助及后效增强。

（2）安坐在座位上：结合塑造方式逐步增加儿童坐在座位的时间长度。初期目标至少要能安坐5分钟，后期可逐渐拉长至25-30分钟。

（3）对唤名有反应：以中性稳定的语气叫唤儿童名字，儿童能在被唤名后看向教学者。初期可搭配强化物提示，经由强化物的引导让儿童的眼神与教学者对接。

（4）跟随指示注视物体：儿童能跟随教学者手势指示搭配口语指令"看"的

方向看向特定物体。初期阶段可选择儿童偏好的物体，放置在儿童眼神容易注视的位置，引导儿童跟随教学者手指看向该物体，搭配后效增强，谨记要变化放置物体的方位（上下左右），以促进跟随指示的发展。

（三）流畅度训练

Alberto 和 Troutman （2003）将学习阶层分成习得（acquisition）、流畅（fluency）、维持（maintenance）及类化（generalization）。在习得阶段着重的是反应正确度，流畅度强调在单位时间内的正确反应表现；因而流畅度被行为学者定义为是反应的正确度和速度二者的结合（Binder, 1996）。例如，A学生可在30秒内完成8个指令任务，B学生在1分钟内完成9个指令任务，A学生的表现明显要优于B学生（Kubina & Wolfe 2005）。若单就准确度而言不考虑时间因素，会误以为B生完成9个指令任务的表现比较好。因此，必须同时考虑正确度和时间因素，学习者若在正确的同时还能快速的反应，则表示进入到流畅度的学习阶层。

行为取向对流畅度的定义和心理学界提及的自动化反应概念是相似的，自动化的定义是在高度练习之下，不需要有意识的注意力即可完成的行为或反应，主要的关键指标正是快速反应及高效能（Shiffrin & Schneider, 1977）；过往研究特别指出了基本技巧的流畅度，可以帮助学习者将各项基本要素技巧结合成复合式技巧（composite skills）用以应对更复杂的事物（Bucklin, Dickinson & Brethower, 2000）。例如，九九表熟背了之后，就能快速学习有关乘法及除法的运算，以解决后续复杂的问题，如计算每月需缴交的学贷费用。

流畅度训练通常会在正确度达标后再加上时间作为指标。教学者会告知受试者测量的过程包含有目标行为的正确反应及速度测量，以呈现计时器来建立区辨刺激（discriminative stimulus），并在测量目标行为达标后给予增强以强化其反应速率（黄合贵，2018；Lee & Singer-Dudek 2012）。黄合贵（2018）对一名24岁的孤独症成人进行流畅度与准确度训练，结果显示流畅度训练及准确度训练对工作所需时间及正确反应皆呈现正向效果，流畅度训练更能缩短受试者工作所需时间，该研究显示流畅度训练可应用于较困难之工作上。若和一般成人工作平均时间相比，流畅度训练比准确度训练更能缩短与一般成人之间的差距，在人物和地点类化方面也具有较佳的效果。

（四）共享控制教学实务

凤华、孙文菊和于晓晖（2022）整理文献后指出，共享控制的实证研究最早是 Lowenkron（1984）对一般发展儿童的研究，后续则延伸到听者命名（Tu, 2006）以及复杂排序的任务（Clough, Meyer & Miguel, 2016）等的学习历程。这些研究中共享控制的训练模式是以基础语言操作中的"复诵（含口语或手语）加上命名"为中介元素，外加"复述"此一额外的重要关键元素，特别对于连续听者命名或复杂排序的任务"复述"是额外的重要引发元素，复述的主要目的在于让学习者于搜寻目标刺激物时，能持续以语言来协助记忆目标刺激物。

依据 Tu（2006）及 Causin 等人（2013）的研究，共享控制训练的程序如下：

1. 环境安排

桌面上摆放 6~8 张图卡。

2. 教学程序

以听者命名的教学为例，程序如下：

（1）学生听到教学者口说的语言刺激后，在准备选取图片时，教学者会先阻挡学生选取图片的行为，让学生先复诵教学者的口说刺激（如，老师说：找出草莓和苹果；学生跟着复诵）。

（2）学生复诵后，再让学生对桌上的图片进行区辨后做出选择，当学生选取正确的图片时，给予后效增强；对于有口语的学生，教学者可以接着询问"这是什么？"让学生试着口说命名该图片。

（3）考虑重点：可先从找出一张图片开始，让学生习惯先复诵教学者的口说刺激后，再逐渐增加为找出 2 张或 2 张以上的图片。也可将之运用于教排序的课程中。此训练程序主要是让受试者能具备共享控制的两大元素：复诵及命名，并且共同运作。

依据上述阐述可见共享控制并非难懂的概念，而是以语言操作的概念解析听者的内在运作历程。此外，经由分析共享控制的内在运作，凸显出学习者"主动反应"的成分。主动性一直是智能障碍或孤独症谱系障碍者较为挑战的议题。（凤华等，2022）在教学中教学者若能掌握并充分运用此内在历程，对于在听者命名或复杂排序上有困难的学习者，共享控制可以提供另一种有效能的教学程序，协助需要者突破学习的困境，并产生积极学习的样态。

第二章

提要求的概念及教学实务

1. 了解基础语言操作提要求的基本概念。

2. 能以操作制约的公式解析提要求。

3. 能描述影响提要求的相关因素。

4. 能描述动机操作如何促进提要求行为的启动。

5. 能陈述有口语儿童提要求的教学程序并实际操作。

6. 能陈述无口语儿童提要求的教学程序并实际操作。

7. 能说明主动提问获取信息的教学程序并实际操作。

本章聚焦

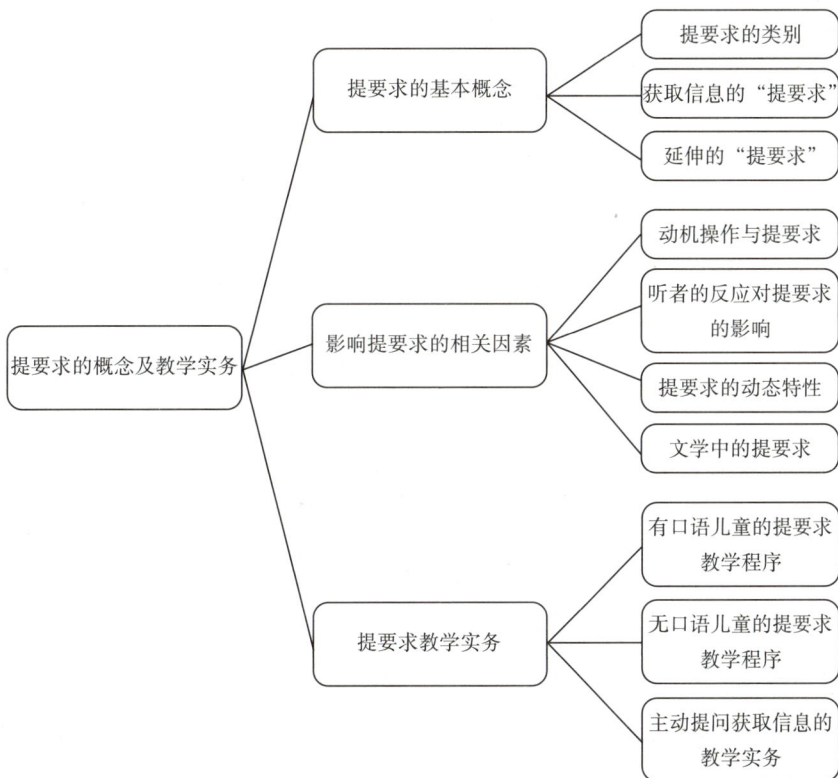

前　言

小蝌蚪说："我要长大。长大了，我要做一只爱唱歌的青蛙。"

毛毛虫说："我要长大。长大了，我要去找一找美丽的小花。"

小朋友说："我也要长大。长大了，我要去看一看不同的国家。"

这篇短文很明显是对自己提要求。"提要求"是 Skinner（1957）在《语言行为》一书中首先探究的基础语言操作，他认为在人的一天中，提要求是最常使用到的语言操作，大约占了 50%。从幼儿的语言发展探究，幼儿确实在语言发展的开始，最早学会及最常使用的语言类型就是表达需求，人类大半时间的沟通也都和需求（含生理及心理）有关。《语言行为》强调个体的主动性及主导性，更关注个体的内在需求，这也正是 Skinner 将提要求放在首要位置进行探究的主要原因。本章将阐述基本语言操作之首"提要求"在行为分析中的概念、介绍主动提问获取信息的提要求、延伸的各种提要求，并探究影响提要求的相关因子，其中包含动机操作、听者的反应、提要求的动态特性及文学中的提要求，最后将呈现提要求的教学理念及实务操作的方式。

第一节　提要求的基本概念

一、提要求的类别

Skinner（1957）选择用"提要求"代表这种形式的语言类型，是因为此用语简明扼要，和英文的命令（command）或要求（demand）类似，但可以同时涵盖各种不同形式的提要求。Skinner 依行为分析将提要求定义为：该语言的反应受控于个体的需求或动机，提要求的反应可以是口语、文字、图片或手势（或手语）等形式，其后效则是受制于个体想要的特定物品。表 2-1 是以 MO／A-B-C来分析提要求，表 2-1 明确显示说者提要求前，需处于匮乏或想要特定物品或信息的动机状态，同时需有一位听者在场，说者对听者以口说或非语言方式提出要求，后果是说者获得想要的刺激物。例如大明在大热天跑完步后，处于口渴状态（动机），刚好朋友在一旁（听者），于是请朋友递水瓶给他（提要求），朋友即刻将水瓶递给大明（后果）。提要求并不仅限于对基本需求的满足，也涵盖环境中的各项刺激物以及获取相关信息，其涵盖范畴十分宽广，然而从操作制约行为分析的角度切入，却都离不开四期后效的模块。

表 2-1　提要求的四期后效分析

MO（动机操作）	A（前事刺激）	B（行为）	C（后果）
说者的动机（匮乏或想要某物品或信息等）	听者	说者用口说、图片、手势、文字等表达要求	说者获得想要的刺激物

由于提要求与动机操作及听者有关，Skinner（1957）依据动机操作的概念与听者的互动关系对提要求的分类如下：

（一）与个人需求有关的提要求

在这个类别下，说者通常是处于有需要或匮乏状态，从动机操作而言是属于建立操作（establishing operation，简称 EO），听者则是依说者的要求做出反应。Skinner（1957, p. 38）提供清楚的细部分析，图 2-1 为参考语言行为原著，经过修正后说者与听者的互动模式解构图，图 2-2 及图 2-3 则是以真实互动的方式展现。图 2-1 说者提要求的行为前提是说者是处于一种动机状态-肚子饿了，同时环境中有一位听者在场，说者提要求后听者随即提供面包，说者在获得面包后对听者表达谢意，听者也以口语响应。于此互动中显示说者与听者在互动过程中都获得正增强后效，然真正的主要受益者是说者，因为说者在此互动中，满足其个人的需要，获得他要的正增强（面包）。要求他人提供信息也类似于图 2-1 的解析，说者与听者都获得正增强的后效。

说者				
MO / A	B：请给我面包	C：获得面包 / A	B：谢谢	C：不客气
肚子饿了 / 听者	• R^V	$S^r + S^D$	• R^V	S^r
	S^{DV}	• R	• $S^r + S^D$	• R^V
	A：听到"请给我面包"	B：给面包	C / A：听到"谢谢"	B：不客气

图2-1　与个人需求有关的说者与听者的互动

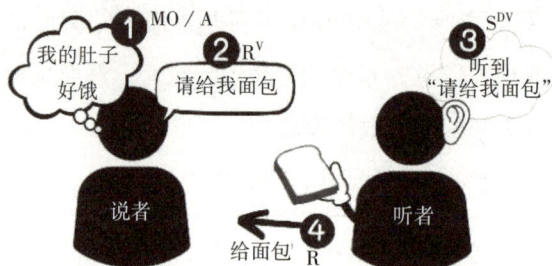

图2-2　说者对听者提要求的互动图

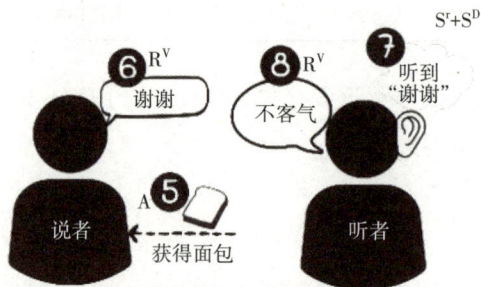

图2-3　说者与听者后续互动图

（二）命令或警告式的提要求

　　另一种形式的提要求是说者处于嫌恶刺激环境中（亦属于一种匮乏的现象），在此种要求中，说者提要求的功能（或目的）是要移除嫌恶刺激，即获得负增强，如果听者顺从说者的提要求（如，警告或命令），说者及听者都获得负增强，说者因听者的顺从获得负增强，听者则因为顺从的反应逃脱了说者的命令或警告式的语言（获得负增强）。图2-4为经过修正后，说者与听者的语言互动的解构。图2-4中，说者处在被听者挡路的状态（嫌恶状态），说者语带威胁地说："让开。"听者听到威胁的要求时，即刻闪开让路给说者，此时说者因听者的反应脱离被挡路的嫌恶状态，听者也因着遵从了说者的要求而逃脱了被威胁的嫌恶状态，二者都经历了负强化的后效化强作用。因此，命令或警告式的提要求是受负强化作用所影响。

二、获取信息的"提要求"

　　一般儿童的主动提问获取信息的行为约在三岁开始发展，展现出儿童对环境的好奇心（Brown, 1968），对后续儿童期语言的快速拓展扮演关键角色（Mc-

说者			
A（S^D+S^{av}）	B：让开 （语带威胁）	C：听者移让，说者获得路权	停止威胁的语言
被挡着路 / 听者	· R^V+R^{avV} ⟶	S^r （=− S^{av}）	· （−S^{av}）
	↓	↑	↓
	$S^{DV}+S^{avV}$	· R	S^r （=− S^{av}）
	A：听到"让开"（语带威胁）	B：让路给说者	C：威胁的语言停止
听者			

图2-4　命令语言行为中说者与听者的互动

Neill, 1970；Sundberg、Loeb、Hale & Eigenheer, 2002）。能使用 wh 提问方式获取环境信息是儿童在社会沟通发展的重大分水岭，Brown 早在 1968 年即以质性方式观察儿童自发口语的发展，证实儿童主动提问获取信息是自发性语言的代表，更重要的是此种提问的能力为后续各项学习提供基本框架 （引自 Squires & Bickel, 2015）。主动提问可以帮助儿童探索环境、了解环境，进而掌控环境，对儿童的主动学习扮演重要角色。儿童获取信息的方式可参考主动提问的各种形式，如询问物品的名称（这是什么？）、询问人名（这是谁？）、找东西时询问位置或地点（××在哪里？）等。主动提问在后续发展延伸的重要性归纳如下：①主动提问与回答 wh 问题的能力相结合，能够构建起自我制订计划的框架，这也是自我决策的具体体现；②主动提问获取信息是问题解决能力的重要元素；③自我管理中的自我观察与自我记录涉及主动提问的技能，也是自我教导的基石。

依据 Skinner（1957）将提问获取信息归类于提要求的范畴，以四期后效解析该行为与环境互动的功能关系。换言之，主动提问与提要求同样是受控于动机状态，表 2–2 以四期后效关联解析主动提问。四期后效的解析中清楚指出动机状态是主要的促发因子，对说者而言，环境中出现模糊或不明的状态，因而引发说者的提问反应，过去学习经验让说者学会借助提问方式解除心中疑惑、获取想要的信息。表 2–2 范例中，爸爸出差回来带了新奇的玩具，小孩很开心但不知道这玩具的名称是什么，也不知道要如何操作此玩具。解决此模糊状态的最好方式就是由孩子主动提问以解除心中疑惑："这是什么？"（what）以及"这玩具怎么操作怎么玩？"（how）最有效的强化物就是告知玩具的名称并示范玩法。而行为分析如何解析动机的概念将于下一节详细说明。

表2-2　以四期后效解析主动提问

动机	A	B	C
信息模糊或不足，想要获取明确的或更多信息	听者	主动提问	获得想要的信息

范例

动机	A	B	C
爸爸出差回家带给孩子一个新奇的玩具	听者：爸爸	孩子主动提问："这是什么玩具？""这玩具要怎么玩？"	爸爸告知玩具的名称并示范玩法（获得想要的信息）

三、延伸的"提要求"

Skinner（1957）对提要求的解释也包含其他内在的心理状态，其中包含想象、祝福及期待。这部分也打破了以往认为行为主义只关注外显行为而忽略内在心理状态的迷思。如何以四期后效来解读这心理状态的提要求，表2-3提供了文字的说明及范例。先以想象做说明，其前事刺激可能是因为天空出现一群飞鸟，引发了内在需求（EO）——想要和鸟儿一样能在天空飞翔；行为则是口说"我要飞上青天"，或是做出动作以反应内在的想象状态；后果是觉得自己好像真的飞上天，属于内在正增强。而给予祝福，就需要有听者，听者可以是自己也可以是他人，EO则是因应听者的需求，例如表2-3中的听者是出远门念书的孩子，而行为可以是口语、文字或图片，口语可以是"祝福一路平安"，后果则是内在正增强（给他人祝福，内在感觉良好），或是延宕增强，听者确实一路平安到达目的地。

表2-3　延伸的提要求——想象、祝福及期待的四期后效说明及举例

延伸的提要求	EO / A	B	C
想象	具体刺激引发内在需求	语言（口语／内在语言）或动作	获得内在正增强

续表

延伸的 提要求	EO／A	B	C
想象	看到天空的鸟 想在天空翱翔	做出自己在天上飞的动作 或口语唱着歌：我要飞上青天 的歌	觉得真正在天上飞的 感觉
祝福	听者（自己或他 人）＋内在需求	语言（文字／口语／手语／图 片）	内在正增强 延宕增强（祝福成真）
	出远门读书的孩子	口语：祝福一路平安	给他人祝福，内在感 觉很好 平安抵达
期待	听者（自己或他 人）＋内在需求	内在语言	间歇增强
	丢骰子时，"期待出 现7"	心理默念"出现7"	偶尔出现7

第二节　影响提要求的相关因素

Skinner（1957）于《语言行为》书中指出影响提要求的相关因素有下列几种，首先是说者本身的动机状态，另外听者在说者提要求的解析中是一种重要角色，因此听者的反应自然会影响说者提要求的反应，第三，提要求是动态的，会随说者过去被强化的经验结合当下情境会有所变异。此外，文学中为让内容更加丰富，也常会大量使用提要求的形式表达，除了较能贴近读者引起共鸣外，借由营造匮乏或模糊状态，让读者更有动机往下阅读以满足其好奇心也是重要原因。以下分别说明。

一、动机操作与提要求

心理学对动机或驱力的解释为引发个体行动或进行活动，维持并促使活动朝向某一目标进行的内部动力（张春兴，2011）。Maslow的需求论则清楚揭示驱使人类行动的是人类天性中固有的东西——需求。需求论指出个体成长的内在动力是动机。而动机是由多种不同层次与性质的需求组成的。对Skinner而言，动机虽是内在的心理现象，却也可以通过行为分析的方式做诠释。依据Skinner以行为的观点分析驱力（1938，1953），当个体心中想某个事物，意味着：（1）想的事物出现在当下是一种强化，（2）之前曾经依此模式被强化的任何行为的频率将会增加（Michael，2007）。用此概念说明要求的控制变项——心中所想——为动机状态，获得心中所想，正是要求的后效强化，之前曾获得该心中所想的行为频率会增加，行为据此而引发。例如，食物匮乏将会使个体心中想到面包，此时个体的动机状态（1）会使面包作为强化物的价值更加提高，（2）引发"要求面包"的行为，因为这行为要求在过去能得到面包。图片交换沟通系统、口语沟通训练或自然情境教学法都善用动机操作的理念，经由确认个体对某物品的匮乏状态，即当下个体对该物品产生需求，引发说出（或以图片交换方式指出）该物品名称的沟通能力。表2-4可以用来阐述这样的概念。

表2-4　动机状态与提要求的教学ABC范例

	动机状态	辨识刺激（A）	行为（B）	后果（C）
实例	历经四小时没有进食	妈妈手中有饼干	以口说／图片／手势要求饼干	获得饼干
说明	处于食物匮乏状态		引发提要求的反应	当下饼干作为强化物的价值对个体是高的

依Skinner的概念为基础，Michael（2007）更进一步将动机操作以两个面向定义：一为价值改变效果（value-altering effect），二为行为改变效果（behavior-altering effect）。当价值改变效果：①提高了个体内在所想到的刺激物作为强化物的效果，并增加了所有曾被该刺激物增强的行为发生率，此况下的动机操作属于建立操作（EO）；②当刺激、物体或事件的强化效果的降低，降低了曾被某刺激、物体或事件所强化的行为当下的发生率，在此情况下的动机操作属于消除性操作（abolishing operation，简称AO）。

动机操作又分为非制约动机操作及制约动机操作，如同非制约强化物一般，非制约动机操作的价值改变效果与行为改变效果不是经由学习（或制约）而来，是与生俱来的，例如，凡食物、水、氧气、活动和睡眠等的匮乏状态会自动产生建立操作，饱足时会产生消除性操作。教导沟通时，若能确定个体是处于匮乏状态，就可以顺势引发出能获得强化物的要求行为。

制约动机操作，如同制约强化物一般，其价值改变效果与行为改变效果都是经由学习而来，制约动机操作有三种类型，其中转移制约动机操作（transitive conditioned motivating operation，简称 CMO-T）是目前最常被讨论的主题。本节仅针对 CMO-T 进行讨论。当一种环境变项建立（或摧毁）另一个刺激的强化效果，且引发（或减缓）曾受到另一个刺激强化的行为，那这变项就是转移 CMO（或 CMO-T）。

对实务工作者而言，能操作的定义才能运用于实务现场。因此，行为分析以具体可操作的方式解释动机，即从两个面向——刺激物价值改变以及行为改变频率来界定义。这对于实务工作者确实可提供清楚明确的指引。

二、听者的反应对提要求的影响

提要求主要的受益者是说者，然而，听者作为接受信息及回应者的角色，说者要能顺利满足其需求，也需要考虑听者的各种状态，让听者回应以确保增强的确定性。Skinner（1957）指出几种说者应考虑的状况：首先，重复表达需求可能会造成听者的不耐或反感，因而降低听者回应说者需求的意愿。可以采用较为委婉的说法，"给我水"和"我渴了"二者相较之下，"给我水"这句话直接明确，但却蕴含命令的意味。而"我渴了"是表达说者的状态，不是给听者命令，同时给予听者较多的空间作出反应——可以给水或是给其他饮料。第二点，在表达需求时可加上礼貌的用语，如：请问你方便给我些水吗？此种较为间接或加上礼貌用语的形式应该是有效的，是因为其中包含了对听者的尊重。第三点，当要强调需求很强时，可以将单纯的提要求转为更为强烈的"恳求"，获得回应的机会也会相对提高。最后，听者的反应倾向可以经由奉承或赞美提升，例如，我的好伙伴，给我一杯酒吧！

三、提要求的动态特性

Skinner（1957）指出，一名说者在提要求的气势水平式呈现变动的状态，可以从很平淡的到非常高涨的，这种反应强度的变异通常基于说者过去的增强历史及当下的情境状态；此外，也与个体匮乏的水平和嫌恶刺激的强度有关。这样的观点相当符合人类沟通的变异特性。某人在匮乏程度较弱时，可能会以轻声细语的方式表达其需求，也可能是因着过往经验须提高声量才能获取所需，因而虽匮乏度不高，但表达的气势高涨。另一种状态是个体处在高度匮乏的状态，就容易以高强度的方式表达其需求。此种解析也可以用于对问题行为的理解，若一名儿童以高强度的问题行为（如攻击）表达需要关注，通常是被忽略很长一段时间（高度匮乏状态），且过往经验让该名儿童学习到，只有以攻击此种高强度的方式才会获得他要的关注。

Skinner对听者也有类似的解析，正如说者一样，听者行为的发生概率及强度也有很大的变异范围。假如听者处在不预期做出反应的状态，听者是否会依说者的需求做出回应提供增强的，则取决于说者的几项特性：第一，如果说者使用较为柔性或礼貌的形式，会提高听者回应的可能性；第二，若是说者语带威胁，语气高涨，伴随高强度的嫌恶刺激，亦会提高听者做出适当回应；第三，部分听者会习惯于接受命令，此与过往没有回应后的惩罚经验有关。

四、文学中的提要求

提要求不仅是生活中常见的语言操作，也可在文学作品中窥见其重要性。

小蝌蚪说："我要长大。长大了，我要做一只爱唱歌的青蛙。"

此儿歌以拟人化的手法和提要求的形式展现对未来的渴望，特别贴近孩子的心并能让人深受触动。Skinner（1957）在其书中也强调"文学行为的某些形式中采用提要求的方式是相当丰富的，如，使用呼格语（我嫁给他了!），或是提要求以获取听者口语行为的回应（如，叫我马利），还有一些是要取得读者的注意（听，孩子们，你们将会听到……）"（p. 49）。Skinner认为作家为了与读者之间建立关联，巧妙地使用提要求的语句以产生神奇的效果。其中"文学中的抒情诗词的运用是相当丰富的……他要听者能眼耳并用地提高其注意力"（p.50）。此外，可让读者在阅读的过程产生类似于匮乏的状态或营造模糊的情境，让读者需以提要求的形式解答心中疑惑，产生引人入胜、爱不释手的阅读体验；书中自有黄金屋，书中自有颜如玉，也是类似的效果。

第三节　提要求教学实务

Skinner 早在 1957 年的著作中指出，语言的分析必须从行为功能的观点来着眼，"沟通"及"控制"是语言行为分析中的两大要素。简言之，语言的首要功能就是达成沟通的目的，而功能性沟通的三大重要元素则必须包含说者、听者以及沟通意图（Frost & Bondy, 1994；2002）。换言之，语言的功能首先是说者有其沟通意图，然后通过与听者的信息传递而成。因此，在语言教学的环境安排中，首要重视对说者沟通意图的把握；其次，要使语言的功能持续，语言的控制力是另一个重点，控制意旨要经由听者的回应以达成沟通的程序，语言才能产生持续性。举例来说，"说者饿了想要吃东西，听者手上有饼干，说者对听者说："我要饼干。"听者将饼干给说者，此时说者的语言行为同时完成了沟通意图的传递（例如，我要饼干），以及控制性（例如，听者将饼干给说者），说者通过此次经验，发现语言的功能及对环境的控制力，语言对说者自然产生意义及学习动机。

目前被广泛使用的图片交换沟通系统（Picture Exchange Communication System，简称 PECS）（Frost & Bondy, 1994, 2002），正是采用 Skinner 的语言行为概念而发展的一套沟通训练系统，其主要特色在于学童只需要有沟通意图，而不需要有视线接触、模仿能力，以及听者命名的先备能力；只要儿童有沟通意图就可以进行沟通训练。图片交换沟通系统特别对于无口语能力的孤独症儿童产生了关键的影响，并破除了 50% 以上的孤独症患者终生无口语的魔咒。Bondy 和 Frost（1994）研究显示，原本无口语的孤独症患者在接受图片交换沟通系统的教学后，66 名中有 44 名幼儿发展出口语能力，另外 14 名亦学会了以图片交换沟通系统进行沟通。Schwartz、Garfinkle 和 Bauer（1998）也以 33 名 3—6 岁伴随有重度认知及沟通障碍的发展迟缓幼儿为研究对象，进行图片交换沟通系统的教学，研究结果发现所有31名幼儿都学会使用图片交换沟通系统，并成功地与教学中的成人及同伴进行功能性沟通。目前图片交换沟通系统已被广泛应用于无口语或仅有鹦鹉式语言的孤独症患者的沟通训练中。

对教学者而言，"如何教"是展现专业能力的重要指标。Skinner以行为分析的方式解析提要求的操作型定义，提供教学者如何教的重要指引。Sundberg（2007）建议将语言界定为说者和听者之间社会互动的学习行为，语言操作EO-A-B-C四期后效关联（动机、前事、行为及后果的互动关系）是最基本的单位。此种对语言新的解读，改变了教师、治疗师和研究者对于语言及其相关问题的处理和教学的思考方式。"提要求"通常是语言学习的第一步，Skinner也强调人在一天的生活中，最常使用的语言类型就是提要求。"提要求"除了可以有效达到沟通的立即效果外，也能增加个体对环境的掌控力，例如说出（或指出、给图片）后，立即获得他所要求的物品（食物、玩具、物品等），此时个体若学会只要使用口说或是图片（沟通）就可以掌控他人（环境）的反应，并获得所需的物品（如，展现对环境的控制力）。建立提要求的基本程序包含使用提示、褪除和区别性增强，将控制从刺激变项转换到动机变项（Sundberg & Partington, 1998）。下文将针对有口语及无口语学生提供教学范例，依次介绍语言行为的教学模式。

一、有口语儿童的提要求教学程序

教导提要求，教学者需要先确认儿童当下的偏好物，以此营造提要求的学习动机，下面的教学程序是依据四期关联后效的原理所规划的（Greer & Ross, 2008; Sundberg, 2007）。

阶段一：以偏好评量方式先确认儿童想要的物品，接着在儿童注意下呈现物品，当儿童做出伸手要拿取（动机下）某一特定物品（刺激变项，如"糖果"）时，教学者给予复诵提示，让儿童能说出"物品的名称"（如，儿童说出"糖果"），儿童说出物品名称后立即给儿童该物品，获得物品本身就是最强有力的强化物。

阶段二：呈现物品，以固定延宕复诵提示方式（如，3秒固定延宕，等3秒，如果儿童没有发出口语，则给予少量复诵提示）。本阶段重点为逐步褪除复诵提示，将儿童的提要求反应转换成受制于动机操作、非语言刺激（儿童想要的特定物品）及听者的多重控制。

阶段三：最后步骤是褪除非语言刺激（如，糖果），让提要求的反应形式受控于儿童的内在动机，并能对听者做出提要求。

二、无口语儿童的提要求教学程序

无口语儿童的沟通训练最具代表性的应属 Frost 和 Bondy（2002）所发展的图片交换沟通系统。下列的教学程序是参考 PECS 第一阶段所规划设计的，此处陈述的重点正是依据语言行为中"提要求"的四期后效关联，着重于说者能以替代口语的方式建立沟通基本概念。此过程儿童不需要对图卡有所认识，待儿童建立以图卡表达需求的基本沟通概念后，再进行图卡辨识教学，图卡辨识训练可采用区辨训练方式或参考 PECS 的第三阶段的教学。本书第三章讲述命名时会再详述其教学模式。以下只简要说明基础沟通的教学步骤。

阶段一：先确认儿童想要的物品，接着在儿童注意下呈现物品及相对应的图卡，如果儿童做出伸手要拿取（动机下）某一特定物品（刺激变项）的动作，提示者以肢体提示方式协助儿童拿取图片，并放置在教学者手中，听者（教学者）接到图卡后则给儿童该物品。

阶段二：提示褪除可以分层进行，首先是褪除提示者的提示，建议使用从最多到最少的褪除法逐步褪除肢体提示，让儿童可以独立将图卡交给听者。听者的提示则从张开手的提示逐步转为手放在桌下，此外，听者的眼神及位置也建议要逐步褪除。此阶段的重点是要将提要求（拿图卡给听者看）的反应转为受制于动机操作和非语言刺激（儿童想要的特定物品）及听者的多重控制。

阶段三：最后一个步骤是褪除非语言刺激，让提要求的反应形式单独受控于儿童的动机本身，并能对听者做出需求表达。表2-5展示了其教学模式。

表2-5　表达提要求的教学阶段

教学阶段	MO（动机）	A（前事刺激）	B（说者表达要求）	C（后果）
阶段一 对说者给口语 提示	儿童想要一物品 （如：糖果）	听者＋糖果 （非语言刺激）	口说 图片	听者给儿童糖果

续表

教学阶段	MO（动机）	A（前事刺激）	B（说者表达要求）	C（后果）
提示			复诵（口说） 肢体（图片）	
阶段二 褪除口语提示	儿童想要一物品 （如：糖果）	听者＋糖果 （非语言刺激）	口说 图片	听者给儿童糖果
阶段三 移除非语言刺激	儿童想要一物品 （如：糖果）	听者	口说 图片	听者给儿童糖果

必须再次强调，Skinner 的《语言行为》中对提要求的行为并没有局限在具备口说能力者的范畴，其中图片或手势也是表达需求的方式。对于没有发展出口说能力的个体，则可以选择各种替代口语的方式作为表达需求的方法，让个体能走出适应环境的第一步。

三、主动提问获取信息的教学实务

如上所述，主动提问与提要求的行为分析如出一辙，也是受控于动机状态，Sundberg 等人（2002）研究证明可借助转移制约动机操作（CMO-T），营造对环境的好奇心，经由动机操作的策略设计情境，可以教导孤独症儿童有关地点位置（where）和特定人（who）、物（what）的信息要求，让学生学会主动提问以获取信息的行为。其他 wh 的提问还包含何时（when）、为何（why）及如何（how）。对于那些未能随发展阶段自动发展出主动提问能力的儿童，已证实可以经由教学协助建立这些能力。教学指引如下（Koegel, Camarata, Valdez-Menchaca, & Koegel, 1998 ; Sundberg et al., 2002; Taylor & Harris, 1995）：

（一）善用动机操作引发提问

提要求受控于动机、教学和情境的安排，首先需营造一种模糊的状态，可以是设计式的结构课程或穿插于其他活动中，让儿童处于匮乏或好奇的状态，于此情境下让儿童抓住机会学习以主动提问获取对应的信息。如果要教学生提问"在哪里?"可以搭配其他课程，例如要上画画课，但是老师没有给图画纸或没有画

笔，让儿童学习提问"画笔在哪里？"以获取想要的物品；或是安排教室中出现
一位新老师，在好奇下让儿童学习提问"这是谁？"；教学生提问"何时"，则可
安排上结构课前，将儿童的玩具收回，告知现在要上课，不能玩玩具，让儿童学
会询问"什么时候可以玩？"等。

（二）后效强化是让说者获得想要的信息／物品

在后效强化过程中，强化物以及给予强化物的时机，对于新行为的学习起着
关键作用，即当学生提问题时，要能立即提供提问的答案以满足儿童的好奇心，
立即性建议应在儿童提问后3-5秒内响应，才能有效建立后效与行为之间的强化
关系；同时让儿童感受到提问可以协助他了解状况并有效掌控环境。初期可搭配
社会性后效强化儿童提问的行为，最终以获取信息作为纯粹的后效强化物。

（三）善用提示及褪除策略

有效教学中善用提示策略是必要程序之一，通常此类课程的学习者都具备基
本口说能力，提示策略的选择可考虑以语言提示开始，如口语、字卡等，再逐步
消退提示。初期学习阶段可搭配零秒提示，于儿童处于好奇的动机状态下即刻给
予口语或字卡提示，让儿童在动机下即刻掌握要如何适当地反应以获取信息。在
后续教学实践中，可尝试采用时间延宕策略，逐渐拉长给予提示的间隔时间，从
而使提示逐步消退。

第三章

"语触"及其他基础语言操作的概念与实务

1.了解语言行为中语触的基本概念。

2.能陈述语触的教学实务并能实际操作。

3.能描述其他四种基础语言操作：复诵、交互式语言、逐字读及转录的概念。

4.能陈述上述四种基础语言操作的教学实务。

本章聚焦

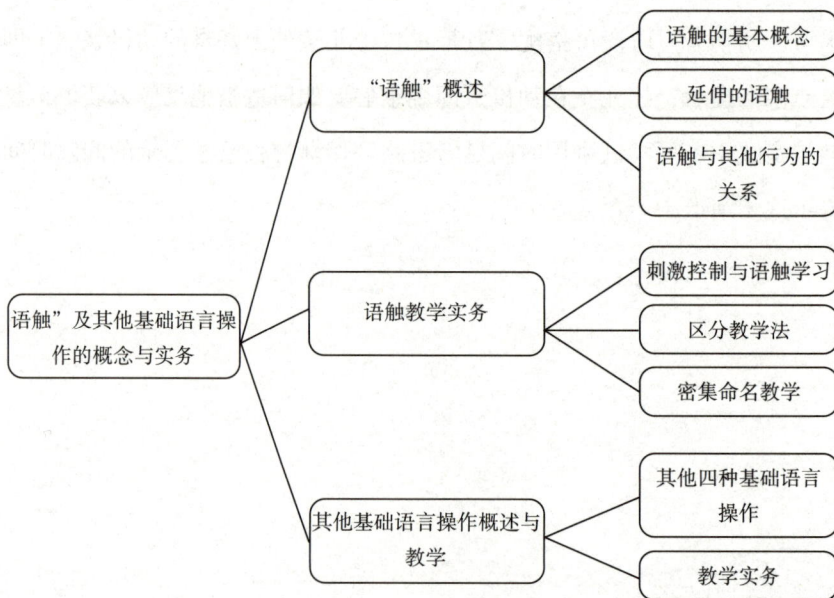

前　言

本章延续介绍其他基础语言操作，第一节会介绍"语触"，Skinner 对语触的内容巨细靡遗，从篇幅中也可以看出语触在语言行为中的重要性。第二节将呈现命名的教学理念及实务操作的方式。第三节介绍其他四种基础语言操作：复诵、交互式语言、逐字读及转录，并简要阐述其教学实务。

第一节　"语触"概述

天上一天星

天上一天星，屋上一只鹰，

楼上一盏灯，桌上一本经，

地上一根针，拾起地上的针，

收起桌上的经，吹灭楼上的灯，

赶走屋上的鹰，数清了天上的星。

Skinner（1957）在《语言行为》一书中，花了最长的篇幅阐述"语触"（tact）的概念及其延伸的各种范畴，大众较为熟悉的翻译名称是"命名"，本书将用"语触"这个词来代替，命名的概念有其局限性，可以视为语触中的一种形式。后续会说明本书将"tact"改为语触的理由，不过为了让读者容易理解文意，部分内容还是会以"命名"呈现。语触在人类的生活中，确实扮演着举足轻重的角色，上述的引言打油诗（内容涵盖名词、动词及量词等，都是语触的类别），正是最好写照。Skinner（1957）在其著作中亦论及有关隐喻及内在事件的语触等议题，显示 Skinner 其实是一位内外兼顾的行为分析学者，同时打破一般人对 Skinner 只重外显行为，忽略内在世界的误解。本章第一节将阐述基本语言操作之一"语触"在行为分析中的概念，介绍几种延伸语触，并探究命名与其他行为的关系。

一、语触的基本概念

Skinner（1957）的基本语言操作中第二个提到的语言类型为"语触"，在《语言行为》书中的原文是"tact"，Skinner解释他使用这个字的原因，是要让人从字面上即可联想到"make contact with"，即和大环境接触的意思，大家较为熟悉的翻译是"命名"，但若是要更深刻的解析，翻译成"语触"应该更能反映Skinner于书中所传递的意思（凤华等，2024）。据此，Skinner将语触的行为分析定义为该语言的反应受制于某一特定的物品事件或物品的特性，或更口语化的说法，语触是受制于大环境中的所有非语言刺激；反应的形式可以是口语、书写或手势（或手语）等形式，其后效则受制于类化制约增强。因为语触不受控于动机，因此以三期后效来解构语触，可由表3-1清楚解析，其受控的刺激源及强化作用分别说明如下。

表3-1 语触的三期后效解构图

A （antecedent）	B （behavior）	C （consequence）
环境中所有的非语言区辨刺激（SD）	说者用任何感官模式，对有接触的事物和动作（或所有非语言刺激）进行命名	类化制约增强

（一）受控刺激源

提要求的受控刺激源是与个体的匮乏状态及嫌恶刺激的出现有关，根据说者发出提要求的语言形式，听者可以推论出说者的条件状态（Skinner, 1957），例如，当说者表达要喝水时，听者可以从说者提要求的语言，理解说者是处于缺水的匮乏状态。然而不同于提要求，语触和说者任何特定的剥夺和嫌恶刺激没有关联，而是和区辨刺激建立一份独特关系（Skinner, 1957），此种关系的建立就是三期后效-刺激控制原理，当一个刺激出现时，尽可能一致地以许多不同的强化物或类化制约强化物而达成区辨刺激控制特定反应的结果。换言之，语触是指一个特定的反应"具体界定"一个特定刺激的属性（Skinner, 1957, p.），语触主要的功能是让其他听者不论说者的条件状况如何，可以顺势推论出关于环境的某样物件。

（二）听者与强化作用

Skinner（1957, p.200）以图示的方式解析语触中的听者角色与强化作用（请参阅图3-1）。图中显示环境中先有一个刺激物同时引起了听者及说者的注意。根据Skinner的看法，此处的听者，对说者而言是一种听众的角色，说者因着区辨刺激红色物品及听众的特性而说出"红色"，对听者而言因为接受到红色物品及说者的语言刺激（红色），因而回应了说者"对，是红色"，于此当下听者的回应正是对说者的后效强化。从刺激控制的观点切入，语触的受控刺激源主要是环境中的刺激物，然而听众也是一个重要区辨刺激，二者共同引发了说者的语触反应。提要求的"说"对听者是提要求，然而，语触的听者则是分享的对象，当环境刺激物同时激起其注意，说者通过语言与环境接触的同时也回应其所属语言社群的共属关系。此解析对教学提供一种重要思维，环境中的刺激物须能引发说者（学生）的兴趣，环境中的听众须是正向支持的，或是过往经验中曾提供过强化经验的，这样才能引发说者命名环境刺激物的动机。

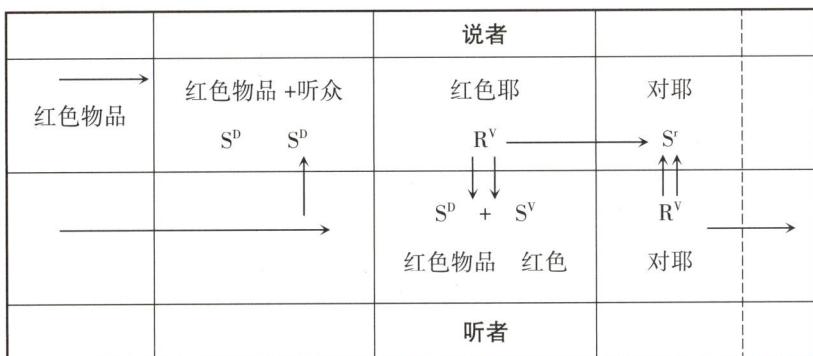

图3-1　语触中的说者、听者的互动关系图

（三）语触中命名的类型

语触从功能的角度解读时，是对听者提供环境中的信息，其中"命名环境刺激物"为基本形态，此处所指的"命名"与认知学中的命名概念相似，然而在语言行为中是属于"语触"的一种形态。因应其前事刺激或非语言刺激的多样性，可细分为各种不同形式的类型，以下则依序说明（Potter, 2009; Sundberg, 2007; Skinner, 1957）：

（四）命名的类型

（1）静态的物品、人名或地点（名词）：非语言刺激可以是特定的一个物品，如碗、筷子、叉子等物品，或爸爸、爷爷等称谓，以及邮局、超市等地点。

（2）动态的行动（动词）：瞬间移动的状态，如跳、走、唱歌等。

（3）相关属性：该非语言刺激牵涉到与其他非语言刺激之间的关系，方位词（如，上、下、左、右等）、比较词（如，大小、亮度、重量、长度、多寡等）。

（4）抽象属性：物品的属性（形容词），颜色、形状、质地（触觉的），或动词的属性（副词）等。

（5）与功能相关：与该物品的接触经验或体验有关，如杯子是用来喝水的，椅子是用来坐或垫脚的。

（6）与类别相关：属于高层次的分类，如厨房用品、交通工具等。

（五）引发语触的前事刺激

语触除了有多样的类型外，引发命名前事刺激是环境中的所有刺激物，属于非语言刺激，具备有下列几种特点：

（1）刺激本身的多重性，举例来说，引发命名的非语言刺激可以是由特定物品所产生的感官刺激，例如，冰激凌产生非语言的视觉、触觉、嗅觉和味觉刺激，当中任何一种感官刺激或全部的感官刺激会成为命名"冰激凌"的区辨刺激。

（2）受控于多重类型刺激：引发命名的刺激可能包含多重的非语言刺激类型，或一个命名的反应受制于这些多重属性，例如"红色（形容词）的苹果（名词）放在（动词）小盘子（名词）上（方位词）"这句陈述式命名就包含有名词、形容词及方位词等不同的刺激类型。

（3）刺激的可观察性：非语言刺激可以是外显可观察的，或内在无法观察的（例如，疼痛）。

（4）刺激的明显性：非语言刺激可以是不明显或显著的（例如，霓虹灯光）等。

Skinner以可操作的方式界定命名，让教学者在教命名时可以有效掌握教学环境刺激的安排，从可辨识的环境刺激物到抽象复杂的前事刺激。而命名操作的分类则让命名展现其多样及丰富的特性，从具象到抽象，完整全面地覆盖对环境的理解与掌握。

二、延伸的语触

延伸的命名涉及刺激类化的自动发生、隐喻如何运作及回忆的行为操作意涵等，让读者对行为分析有新的观点，其定义分析的可操作性也让教学开启了新的契机。

（一）类属式延伸

依据 Skinner 的看法，类属式延伸（generic extension）是指：新的刺激和原始刺激共享所有相关的和关键的特征，此时该刺激群组就会扩展，类似于刺激类化。当说者唤名一种新型的椅子为椅子时，就是类属式延伸，Skinner 认为这是因为说者会自动产生与此种属性相似的延伸能力，不是受转移或刺激等的影响，因为相似性本身就在这些物品间存在，一个物品的关键特征已经受到增强，其他相似的物品会自动产生出该名称，是因为该物品也具有相似的关键特征（即，刺激引发+增强历史的结果）。发展心理学家发现幼儿在发展的过程中，学会唤名某一样物品，对于具有相似特质的物品也会给予同样的唤名，这就是类别化的能力。"物品类别化能力"让孩子迅速辨识陌生事物，能根据各种物体的特征进行分类，分辨出物体特征之间的共通，他会发现"这个事物和××很相像"，使他在学习过程不必看到一个就记忆一个，而能以泛化方式快速学习。这和 Skinner 的解读不谋而合。

（二）隐喻式延伸

隐喻式延伸类似于类比的概念，但 Skinner（1957）认为用三期后效来解释会更容易理解。Skinner 解释隐喻式延伸为：新的刺激和原始刺激会分享部分但并非全部相关的特征，与属性式延伸的不同之处在于反应所受控的刺激属性。Skinner 在书中举例，如"茱丽叶像太阳一样"，虽然太阳并未真正出现，但太阳却是真正控制这句话的重点，太阳会引发温暖的感觉，对说者而言，茱丽叶的感觉就像看到真正的太阳一般，因此说者会将二者联结在一起，隐喻就此产生。又或者，我们称某人胆小如鼠，是因为我们对老鼠的感觉就是胆怯、容易受惊吓、谨小慎微等，这句话主要受控于老鼠具有胆怯、易受惊吓等特征。Skinner 以可操作的方式定义隐喻，使教学者可以掌握教学的重点，让学习者能聚焦在所控制的刺激属性上，并从该刺激属性联结到新的刺激。

（三）陈述过去事件（回忆）

儿童从小就常会被问到：你早上吃了什么？昨天做了什么事？这些问题涉及回忆的能力。首先要先知道命名物品与回忆是不同的，命名物品是一种单纯的刺激控制，是个体看到一个非语言刺激，就产生命名该物品的反应，而命名物品的反应是受过去强化历史所产生（Potter, 2009）。回忆的部分较为复杂，首先需要有引发回忆的刺激源，之后再针对各种与问题相关的刺激进行命名，可见命名是回忆的基础。引发回忆的刺激可以包含区辨刺激源及辅助的刺激源；Daneley 和 Austin（1998）指出最容易引发回忆的区辨刺激源是发生事件的地点。由地点引发记忆可以追溯到罗马时代，也和记忆术中提取记忆的策略中"建议可以和地点产生联结"是类似的。从行为分析的角度，特定的地点会变成区辨刺激，通常会是以影像的方式呈现，进而从该区辨刺激及影像的出现引发命名相关的人、事、物，因而产生发生事件的回忆；另一种则是辅助刺激源，辅助刺激源与要回忆的内容不同，其所扮演的角色是通过辅助刺激源的出现，可以协助个体提取要回忆的主体内容；辅助刺激源对个体而言是一种可以引发高出现率反应的刺激源，此外，相较于其他的刺激源，其所引发的反应具有高度竞争性并能有效抗拒削弱的特性，经由辅助刺激源的引发效果，可以协助个体引发要回忆的主体内容（Palmer, 1991; Potter, 2009; Skinner, 1957）。

三、语触与其他行为的关系

（一）语触与分享式注意力

有关婴幼儿分享式注意力（joint attention）（或称为相互注意协调能力）的讨论，始自 1963 年 Werner 和 Kaplan 的《符号形式》（*Symbol Formation*）一书，他们认为在婴幼儿与母亲的互动中，有一个同时包含了婴幼儿、母亲与第三物的三角关系的情境，并称之为初期的分享情境。此定义中明确指出分享式注意力包含两个个体与物品的关系，这是在幼儿尚未发展出语言时就已经具备的能力。Kasari（1995）提到有广义和狭义两类标准，从狭义的标准来看，相互注意协调能力包括了婴幼儿注意他人的眼神、头转或手指的方向，并随之注视到那个方向的能力，以及主动引导他人去看某物的能力。如果从广义的标准来看，只要能与他人建立并维持沟通的通道，就可称为分享式注意力，而物品则是达成沟通的媒介。

此外，分享式注意力可以让个体与他人分享自己的感情，并了解他人有其个人的想法，这是学龄前社交沟通能力的要素（Mundy & Crowson, 1997）。分享式注意力的主要目的是与他人沟通，当幼儿发展出对物品的唤名能力后，可以通过此优势能力转换为分享式注意力。Holth（2005）指出可以先让唤名与社会注意力配对，让唤名本身就具有社会增强功能，之后则逐渐加入眼神侦测、原始宣告指示训练并建立分享情境，亦即所谓的三角表征，包含看、指及共同注视，并增加生活随机命名教学的机会，使生活中的命名可以结合分享式注意力的引发，当儿童在唤名时自动地想与主要照顾者分享他看到的物品，通过手指、唤名、配合眼神注视协调达成分享的目的，此时主动型分享式注意力就随之产生。因此，对已经发展出口语能力但依旧缺乏分享注意力的儿童，巧用唤名引发分享式注意力是新的发展趋势。

（二）语触与问题解决

停、看、听、想是生活中或人际问题解决常会使用的步骤。一般而言，需要问题解决的状况，大都是在环境中发生了某一事件，例如，不小心在厨房打碎杯子了。此时，依据停、看、听、想的程序，首要步骤是停下来，了解该事件的发生始末（杯子外面有水，手滑了一下，就掉到地上摔碎了）。第二步是听听看自己及他人的感觉（自己感觉心情不安、焦急，质疑怎么会突然发生这事情），再想出适当的解决方法，其中的"看"就是了解事件原委，过程中个体必须具备命名的能力，例如对人命名、对地点命名（厨房），对事件命名（打破杯子）及对相关的物品命名（杯子、碎片）等。听的部分要能觉察自己及他人的感受，也就是对情绪命名的能力，而最终找出的解决方法，也需要能基本命名（找扫把、清洁）或延伸语触（从打破杯子延伸到"岁岁平安"，以转换不安和焦虑）的能力。仔细分析后，就能更细致地判断个体无法解决问题的关键，是卡在命名的能力，抑或是清楚界定哪些命名需要再加强，是转换情绪还是解决问题的方法不足等。细致分析的重点提供给教学者具体可行的方向。

第二节　语触教学实务

一、刺激控制与语触学习

语触或是命名，从认知学角度是属于概念学习的范畴，或解读为内在心智运作的过程。以应用行为分析的观点解析，概念形成是一种行为与环境互动的产物，换言之，该行为的发生是在特定的前事刺激出现时发生以及伴随特定后果；可依据三期后效 A–B–C 法则解释，三期后效不仅能有效的分析各种行为与环境互动的关系，也是建立新行为的重要法则。对行为主义者而言，语言亦是一种行为；因此，善用 A–B–C 法则就可以帮个体建立语言行为，而语言教学环境的安排，依行为主义的术语就是善加安排环境的 a 及 c，并形成刺激控制。概念形成是刺激控制中一个复杂的例子，Keller 和 Schoenfeld（1950）指出个体要能产生概念的形成，个体在学习行为上必须同时展现刺激群组间的刺激类化和刺激群组间的刺激区辨的结果（凤华等译，2012）。刺激群组内的刺激类化是指一组具有共同关系的刺激，能诱发相同的反应，例如，贵宾狗、土狗、或牧羊犬等其共同性就是都属于狗，这些刺激都要能引发口说命名"狗"的反应；刺激群组间的刺激区辨则是概念学习的重点，通过区辨训练，个体必须要能区辨刺激群组间相同的刺激物和不同的刺激物以建立刺激控制，例如，能区辨狗和其他动物（猫、老虎等）是不同的，才能确认个体已经建立"狗"的概念。刺激区辨训练一般所使用的教学步骤，是安排（S^D）概念的范例，以及不是（S^Δ）概念的范例，并对个体的反应提供区别性增强。

　　当区辨刺激与反应间尚未建立联结关系时，提示（prompting）正是建立区辨刺激与反应间连接的催化剂。提示可分为反应提示及刺激提示，反应提示又分为肢体引导、示范提示及语言教导（含口说、文字及图片），刺激提示则分为动作提示、位置提示及重复前事刺激提示等（凤华等译，2012）。通常学童在学习新概念时通常会使用零错误学习法，教师在给予教学刺激后要即刻给予提示以确保学生能做出正确反应，之后再逐步褪除提示，使学习经验错误的机率降至最低，增加学生成功的经验。在教导听者命名时较常用的提示为动作提示（如用手指出正确图片），或位置提示。在教导说者命名时较常用的提示为语言提示中的口说提示。褪除程序则会搭配时间延宕策略，借着逐步延宕提示，将刺激控制由提示转移到自然刺激。

　　语触中命名的语言操作是让语言反应受控于非语言刺激，并获得类化制约的后效强化。命名的技能库所涉及的范畴很广，是语言介入课程的核心课题，儿童必须学会命名物品、动作、属性、介词、抽象概念、内隐事件等，以增进对环境的理解与掌控。如果儿童有复诵的能力，可以通过复诵带命名的形式进行命名训练。一般教学的形式是教学者呈现一个非语言刺激，同时给予复诵提示，搭配区别性增强正确的反应，再逐步褪除复诵提示。教学模式如表3-2。

表3-2　命名的教学阶段

教学阶段	A（前事刺激）	B（说者说出物品名称）	C（后果）
阶段一 提供说者提示	非语言刺激（如：苹果）	口说	获得类化制约 增强
提示		复诵（口说）	
阶段二 褪除提示	非语言刺激（如：苹果）	口说	获得类化制约 增强
阶段三 区辨训练	非语言刺激（如：苹果＋西瓜＋凤梨）	口说（依据图片说出水果名称）	获得类化制约 增强

二、区分教学法

在众多孤独症儿童的教学法中，区分教学法（Discrete Trial Teaching，以下简称 DTT）正是依照三期后效 A-B-C 刺激控制法则所发展出来的结构教学法，也是最基本的教学方式，后续如核心反应训练（PRT）及随机教学都是依据 DTT 基本模块的弹性运用。研究已证实 DTT 是具实证的教学法，也是教导孤独症儿童的重要教学法之一，研究证实善用 DTT 能有效增进孤独症儿童语言行为（Birnbrauer & Leach，1993；Green, 1996 ；Lovaas，1987）。DTT 是基于三期后效刺激控制的概念，以下则详细介绍（Leaf & McEachin，1999；凤华，2002）：

（一）DTT教学原则

（1）教学前应细分教学项目，以符合可观察、可度量的最小教学单位，让学习者能循序渐进依其个人学习速度有效学习。

（2）善用区辨训练，目标行为的安排从易到难，区辨的数量由简到繁，从单一目标的区辨到多重目标的区辨，应依据学习者的需求适切安排。

（3）善用区别增强，对正确反应立即给予增强，对错误反应或无反应使用消弱法则，以增加正确反应的发生率。

（4）掌握提示方式及层次，在学习者需要之际给予适度的协助，也要能掌握逐步消褪的原则，尽快减少协助的程度，使学习者能尽快独立习得目标。

（5）记录学生的学习历程与成果，作为继续或修订教学程序或课程的参考，更是评鉴学习成效的重要信息。

（6）建议要密集训练，每周至少提供20—25小时的密集训练时数。

（二）DTT的元素与内涵

DTT是依照A-B-C所发展的教学法，其中包含几个重要元素：①区辨刺激（A）、行为（B）、结果（C）；②提示方式是用来促进刺激反应间联结的帮手，以及③教学间距（如，呈现一组A-B-C之后与下一组A-B-C呈现应间隔多久时间），图3-2具体呈现其教学单位中的重要元素（张明莉&凤华，2004；Wallin, Harbor, & Washington, 1998）。以下分别说明。

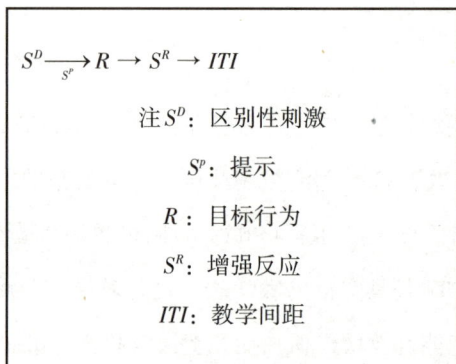

$$S^D \xrightarrow[S^P]{} R \to S^R \to ITI$$

注 S^D：区别性刺激

S^P：提示

R：目标行为

S^R：增强反应

ITI：教学间距

图3-2　区分教学法中教学单位中的元素

1.区辨训练

刺激控制的重点为区辨训练，正是DTT教学的基石，区辨训练简言之是当特定的区别性刺激 S^D（Discriminative Stimulus）出现时，若出现预定的目标反应，会获得后效强化，其他的干扰刺激物（$S^\triangle$）出现时，若出现目标反应则不会获得增强，经由区别增强的程序逐渐强化区辨刺激与目标反应间的连接关系，进而产生刺激控制。

教学环境的安排会直接影响学习者的专注力与学习动机，在前事刺激教学环境的安排上，教学者应注意几项原则：①需确认学习者有专注于教学材料：引发注意的方式可以选择学童有兴趣的物品、色彩、或以简短的热身活动引起注意；②教学指令应该要简单明确，其他与教学指令无关的语言要完全避免。例如：要进行接受性命名的教学，指令可以是"指出×××""把×××拿给我"；而"记不记得，我们昨天才教过的，想想看"，此种与教学指令无关的则应该避免；③教学前应先探测目标行为的有无，若确定孩子不具备该项目标技能，建议采用预期性提示，于教学指令后立即给予协助，让学习者能出现正确反应。

区辨训练的第二项要素是反应，教学前通常会先探测学习者对目标行为的反应，给予教学指令后，建议可等待2—4秒钟的反应延宕时间，因应不同学习者的反应速度；需确认正确的目标反应没有伴随其他无关或问题行为的发生，若伴随其他行为，应视为不正确的反应，以避免造成错误的联结。对于学习者自发表现出适当的行为，如眼神接触、端坐、努力想要回答问题等，教学者应多强化这些适当行为，让好行为能持续发生。

区辨训练的第三个要素是后果或教学回馈（C），学习者出现反应后应立即给回馈，以正向回馈强化正确的反应；不正确的反应，则不给强化或提供错误纠正，以减少未来不正确反应的出现率。

2. 教学提示

教学提示可分为刺激提示及反应提示。常见的刺激提示有位置提示、肢势提示及重复刺激等形式。反应提示则有语言提示、示范及肢体提示。提示是一种附加的刺激，主要是协助区辨刺激与目标反应产生链接关系。不同的目标反应需搭配适当的提示方式，如模仿课程只能使用肢体提示，而听者命名的课程则可以使用位置提示（将目标物靠近学习者）、肢势提示（教学者用手势指出正确的目标物）等方式，可同时考虑学习者的优势学习方法慎选适当的提示法。使用提示后须谨记应逐步消退提示。

3. 教学间距

DTT的教学安排，是针对同一目标持续实施10—20个A-B-C教学尝试，在前一个教学尝试到下一个教学尝试之间，研究建议教学间距应停顿约3—5秒，主要是让学习者有机会消化刚刚习得的信息，在停顿的过程中，让学习者有学习等待的机会，另一方面则让教学者有时间记录学生反应或快速整理方才的教学尝试，并准备下一次教学应做的调整（Leaf & McEachin，1999）。教学间距过短容易产生鹦鹉式反应，学习者可能只是单纯地复诵正确反应但并未真正建立区辨刺激与行为的联结；反之，教学间距若过长，每个教学间距过长可能会造成学习者注意力的分散。此外，相同目标之间亦可以穿插其他已经精熟的教学任务，才不至于重复一样的教学目标导致疲乏而降低学习动机，也可避免鹦鹉式的学习。教师需细心斟酌教学间距如何能恰如其分、适得其中，让学生能乐在学习并专注其中。

三、密集命名教学

密集命名教学（intensive tact instruction）首先出现在 Pistoljevic 和 Greer（2006）的研究中，该研究对密集命名教学的定义如下：在正常的教学之外，每一天当中的不同时段提供100个学习单位的额外学习机会，可于其他学习课程中穿插呈现。学习单位的教学概念等同区辨教学，教师提供明确刺激，学生说出正确反应会获得后效增强，说错图片的名称会给予错误纠正，教师示范正确的反应，学生紧接着说出正确反应，纠正后的正确反应没有提供强化。密集命名教学的特色除了每日对学生正在学习的材料提供大量的单元学习机会外，还有以下几个特点（Greenberg et al., 2014; Greer & Du, 2010; Pistoljevic & Greer, 2006）：

（1）目标材料的选择必须与学生的教育目标相符并与日常生活经验有关，过去研究所采用的目标词汇类别有：食物、居家用品、交通工具、学校用品、休闲活动、职业等。

（2）教学前将目标刺激分为4—5组，每组刺激物中会包含五种类别，每种类别有4种目标刺激物，每组共计20张目标刺激物图片。

（3）教学程序分为示范阶段及教学阶段，分述如下：

① 示范阶段，每次教学前老师会先带着学生复诵目标刺激，完成示范阶段才会进入教学阶段。

② 教学阶段，教师呈现目标刺激，学生于3秒内说出正确反应可以获得强化，并标记为正确，不正确或没有反应则实施错误纠正。

③ 每次教学会针对一种类别的4个目标刺激实施20个学习单位的教学，每个目标刺激会有5次练习机会；一旦学生通过其中一种类别的学习，后续的教学就会以其他未达标准的类别组进行教学。

（4）通过标准设定为该组20张目标刺激全部达100%正确，则进入下一组20张目标刺激的教学。

（5）探测实施要点：

① 教学者会安排非教学时段进行目标刺激物的探测，探测时间每次5—10分钟，建议可在午餐后、放学前或课间休息时间进行。

② 探测时段除了探测纯粹命名的正确率外，也会同时搜集提要求及交互式语言的反应，以了解学习命名后是否能泛化到其他类型的语言操作。

第三节　其他基础语言操作概述与教学

前两节依序介绍了Skinner基础语言行为中语触的概念及教学实务，本节将介绍其他4个基础语言行为及教学实务的相关议题。

一、其他四种基础语言操作

首先本节次会依序介绍基础语言行为中的复诵、交互式语言、逐字读及转录。

（一）复诵

复诵（echoic）根据Skinner（1957）的定义是前事刺激是语言刺激，而反应则和此语言刺激有"定点对应"（point-to-point correspondence）和"形式相似性"（formal similarity）两种特性，其后果是获得类化制约增强（例如：社会性赞美）。简单来说，复诵就是重复说出所听到的声音刺激。其中所谓的"定点对应"，是指语言行为中刺激与反应的二者完全对应相符合。而"形式相似性"则是指反应和前事刺激所运用的感官知觉在形态上是一样的。举例来说，在教儿童叫妈妈时，妈妈会先发出声音：m—ā—妈，儿童则跟着说：m—ā—妈。妈妈会很开心地称赞儿童！其中定点对应是"m"对"m"，"ā"对"ā"，"妈"对"妈"。形式相似性则是刺激和反应都是以"听觉"的感官形态呈现。

（二）交互式语言

交互式语言（intraverbal）依行为分析ABC的定义，前事刺激是语言刺激，反应也是语言刺激，而后果则是获得类化制约增强。Skinner指出交互式语言特性是语言行为与刺激的关系没有呈现定点对应的关系，在学习的过程中，交互式语言的养成是通过自由联想、串联以及环境中的正增强作用产生，其发展历程是先有接续他人的语言、简单回应他人提问，以及一来一往的对话等。其中接续他人语言可以是接续儿歌，如：老师唱"一闪一闪……"，儿童可以紧接着唱出"亮晶晶"；或是接续他人未完成的命名，如，姐姐说："小狗的叫声……"弟弟会接着说："汪汪汪！"这两个例子是儿童在早期开始有语言之后，最常与成人产生的互动模式，也是后续能与他人产生一来一往对话的开端。明显能看到其中没有定点对应。后续的发展则是能做出简单的回应，例如听到"你好吗？"会回答"我很好"，或是回答老师的各种数学、历史或地理等学科问题。一来一往的对话则类似连锁的概念，例如，聊电影的话题（A：你昨天去看什么电影？ B：我去看了×××电影。A：那你跟谁一起去看呢？ B：我和我姐姐一起去看。A：是去哪里看呢？ B：去××百货公司里的电影院。）当中每个语言刺激都是下个语言的前事刺激，也可以是前一个语言的后效增强，与连锁的概念相符。

（三）逐字读

逐字读依据行为分析的定义，其前事刺激是非语言刺激（印刷文字），反应是依字读出声音，后果则是获得类化制约增强；其中刺激和反应行为之间有定点对应，但没有形式相似性（Skinner, 1957）。英文的文字与声音可以产生定点对应，但是中文的字与发音则没有定点对应。而没有形式相似是因为前事刺激是非语言刺激-文字（视觉），而行为反应是口说语言（听觉），所以两种感官形态是不同的。逐字读类似于阅读，是属于"看—说"的刺激和反应。不过阅读通常会需要理解文字的意涵，而逐字读则仅是描述个体读出所看到的文字，个体是否理解文字意涵不在逐字读的定义内。

（四）转录

转录依据行为分析的定义，其前事刺激是语言刺激，反应是将声音转为文字，后果则是获得类化制约增强；其中刺激和反应行为之间有定点对应，但没有形式相似性（Skinner, 1957）。这部分类似逐字读，英文的转录有定点对应，但中文则没有这部分。没有形式相似性，是因为其前事刺激是语言刺激（听觉），反应行为是书写或打字（视觉）。小学一年级学生最常见的考试形式就是听写，也正是Skinner的转录行为，对于要训练学生具备听写能力，此定义提供了一个可以操作的训练方向。

二、教学实务

（一）复诵教学实务

复诵的语言操作是让语言反应受控于语言刺激，并获得类化制约的后效增强。复诵能力是教导提要求的基础核心，例如，复诵带要求正是以复诵作为提示引发个体表达想要的物品的方式。复诵也是教导其命名或认知课程，作为口语提示的基础。例如，若儿童有复诵的能力，可以通过复诵带命名的形式进行命名训练。一般复诵教学的形式是教学者呈现一个语言刺激，运用塑造的方式，并区别增强逐步接近前式语言刺激的反应。教学模式如表3-3。教学实践过程要先进行语音采集的评估，可以采用结构化的方式进行语音采集。按照汉语拼音方案所列出的内容，分为23个声母、24个韵母（单韵母6个、复韵母18个）及3个介母。从单音开始，接着进入声母与韵母的组合音，再到加入介母的组合音。记录时要详细记录学生每次发出的音。进行教学时，从儿童的语音采集表中，先选出较为接近目标音的单音开始教学，可以搭配儿童已经会发的音，进行交错教学，尽量选择差异较大的音作为交错的教学刺激，让学生在开始学习之初更容易辨认。如果儿童还需要借助强化物来激发发音的动机，要牢记强化物要持续变化，不要在发音之后都给予同样的强化物，以免儿童产生错误的联结。

表3-3　复诵的教学阶段

动机操作	A（前事刺激）	B（说者说出物品名称）	C（后果）
确认儿童的强化物	语言刺激（如：Y）	复诵Y	获得类化制约增强
教学策略		区别增强逐步接近目标的反应	

（二）交互式语言教学实务

依照DSM-V（APA，2013）的诊断标准，孤独症谱系障碍者的核心困难即在社会互动及社交沟通上有质的缺陷，有语言能力的孤独症者，在开启或持续会话的能力上有显著缺陷，交互式语言正是社交沟通的核心，交互式语言对孤独症谱系障碍者的教学确实有必要。语言行为分析交互式语言的重要特征在于前事刺激（A）与语言反应（B）没有定点对应的关联，其学习的过程是通过连锁（chaining）产生的（Skinner，1957），因此，教学上必须要能有效掌握连锁的教学要领并配合提示系统。交互式语言发展具有阶段性，以下分述不同阶段的教学要领。

1. 接续他人的语言

教学开始阶段，交互式语言需要以复诵为提示进行教学，搭配多重范例训练法，以引发一来一往的互动形态。Sundberg 和 Partington（1998）指出交互式语言的教学应安排阶层性的课程，并建议可先从接续儿歌开始。教学前需确认儿童已具备至少50组的提要求及命名的技能，教学的方式是先教儿童跟着复诵儿歌，之后再进行接续儿歌的训练，接续的训练可以使用固定延宕提示策略，教学阶段一就是复诵学习，待儿童能复诵后，阶段二则进入延宕提示，教学者唱出不完整的歌曲，让儿童能接续唱出后面的歌词，引发策略采用延宕提示，可以设定固定延宕3秒，如果儿童没有出现接续的语言，则提供复诵提示。目标设定可以先从最后一个字的接续开始，再逐步增加儿童需接续的字数。教学模式参考表3-4。

表3-4　接续儿歌的交互式语言教学阶段

教学阶段	A（前事刺激）	B（说者说出物品名称）	C（后果）
阶段一 复诵阶段	语言刺激 （如：一闪一闪亮晶晶）	复诵	获得类化制约增强
阶段二 延宕提示	语言刺激 （如：一闪一闪亮晶…）	接续唱出"晶"	获得类化制约增强
提示方式：　固定3秒延宕，若没有出现接续，则给复诵提示			
阶段三 独立接续儿歌	语言刺激 （如：一闪一闪……满天都是……）	接续唱出"亮晶晶、小星星"等	获得类化制约增强

接续儿歌的交互式语言为交互式语言教学的起点，之后还有接续未完成的语句、回应他人的提问，以及一来一往的对话。接续语言可以善加利用自然情境所发生的事件，例如，要带小孩去洗手时，就可以营造一个教学的情境，可以对孩子说："小朋友要去洗你的……"，让孩子可以接着说出"小手"，其他自然情境如开门、穿鞋

袜、穿脱衣服、刷牙洗脸等日常活动也可以成为教学情境，让孩子可以从日常的鲜活经历中学习交互式语言，让语言与生活紧密联结。其他教学程序可以参考本书的第二部分教学实务的详细说明。

2. 回应他人提问

回应他人的提问在语言发展扮演重要角色，特别是回应 wh 问话的能力，其重要性如下：①于社交互惠中的交流信息的能力（Secan, Egel, & Tilley, 1989）；② 教学活动中师生互动、信息交换与学习活动的展现（Secan, Egel, & Tilley, 1989）；③对话技能的基础（Paul, 1985）；④个人学业能力的展现（包含对环境现象的理解、阅读理解等）（Abou-Dahech, & Diehm, 2019）；⑤能组织信息并形成自己的提问能力（Jahr, 2001），也是后续问题解决能力的基础。部分孤独症儿童、语障或发展障碍儿童若无法顺利发展出回应他人提问的能力，除了影响社会互动的质量外，对学习本身亦造成显著影响。

回应他人提问可以包含回应"是 / 否"的问题（如，这是笔吗？这是海边吗？）及回应 wh 问题。此处将更着重于回应 wh 问题的能力。参照英文语系中 wh 问题共可分为九大类型：是什么（what + be）、做什么（what + do）、在哪里（where）、哪一个（which）、是谁（who + be）、是谁的（whose）、为什么（why）、什么时候（when），以及发生什么事（what happened）。其发展特性有如下重点：①发展顺序按难易度由简到难依序为：where、which、what + be、who、what + do、when、whose、why、what happened；②如果提问的人、事、物是在儿童可以观察到的（视、听、触、嗅）情境脉络下，正确反应率会相对提高；③正确回答需建立在多因素的分析上，至少应包含语法及回应信息的正确与否（Abou-Dahech, & Diehm, 2019; Parnell, Patterson & Harding, 1984）。

由上讨论可见回应他人 wh 问题的能力是重要的，对于未能发展出回应他人提问的儿童执行积极教学是必要的，以下提供相关教学建议（凤华，2005；Abou-Dahech, & Diehm, 2019；Jahr, 2001; Secan et al., 1989; Koegel, Koegel & Carter, 1998）：

（1）需确认儿童已经具备相关先备技能，如听者 / 说者基础命名能力，应包含名词、动词、形容词的命名能力。

（2）可参照上述难易度的发展顺序进行教学，也需要考虑学习者的特殊需求，如教导"哪一个"，要确认儿童有具备选择的能力。

（3）要确认提问答案是在当下的环境中可以看到的，在提问前也可以让儿童把玩该刺激物，以增加回答问题的动机。

（4）善用提示系统，可以选用口说或字卡的语言提示、视觉提示，并安排逐步褪除。

（5）善加使用多重范例训练方式，提供多重范例，其中需安排各种教学范例，可以是图片、故事片段或口说刺激，也需要安排未教学范例作为探测通过学习与否的指标。

（6）回答why较为困难的问题，要确认儿童已经有因果关系联结的能力后再执行教学。

第四章

进阶语言行为概述与教学

1. 能描述内隐刺激所控制的语言行为的意涵。

2. 能以行为分析解析随机命名的内涵并举例阐述。

3. 能描述自动附加并举例说明。

4. 能描述多重因果关系并举例说明。

5. 能描述并执行引发随机命名能力的教学程序。

6. 能陈述聚敛式及扩散式教学的教学模式。

📝 本章聚焦

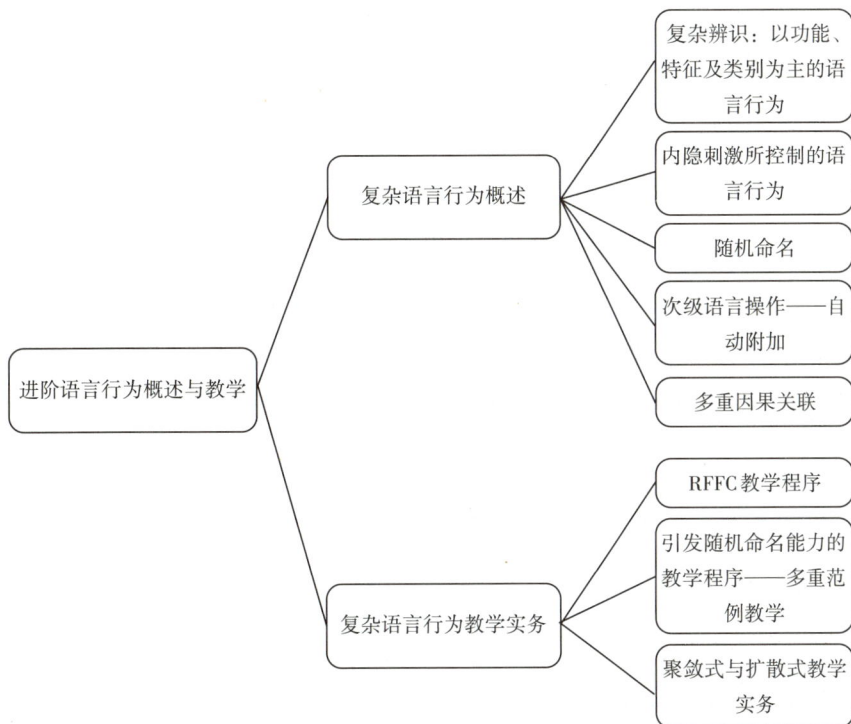

第一节　复杂语言行为概述

本书前三个章节主要介绍语言行为中的基础语言操作。本章节则着重介绍较为复杂的语言操作。首先介绍以功能、特征及类别陈述的语言，包含听者、说者中的命名及交互式语言。接着介绍受内隐刺激控制的语言行为，行为分析领域对内隐行为较少论述，然而 Skinner 在《语言行为》书中则有较多的论述，本章节依该书中的理念进行阐述。紧接着则介绍随机命名（naming），随机命名对儿童语言爆发期的出现有重要影响，是近年来受到相当重视的课题，行为分析对其内涵与教学方式提供深刻见解。最后则以自动附加及多重控制压轴登场。

一、复杂辨识：以功能、特征及类别为主的语言行为

人们在不同的情境脉络下，会以不同的方式表达一样物品或事件，可能会直接唤名该物品，也可能会以功能形式来表达该物品，或描述物品的各种特征，也可能以类别的方式陈述该刺激物。由此可见生活中的语言千变万化，但还是可以从生活的脉络中找出相关规律。Sundberg 和 Partington（1998）首发提出 RFFC（Receptive by Function, Feature, and Class）用以显示语言复杂的特性，虽然是以听者命名的概念出发，但是 RFFC 明显是较为复杂的，与一般听者命名的主要差异在于听者命名的课程中，教学者会直接说出目标物的名称（例如，老师说："指出杯子"），RFFC 则没有说出目标物的名称，仅以功能、特征或类别作为陈述（例如，"那一个是用来喝水的?"或是"指出哪一个是茶水间的物品?"）。可参阅表 4-1 中的范例，表 4-1 呈现的虽都是听者命名的课程，但是不同的课程提问方式明显不同，换言之，同样的答案可以有各种不同的询问或表述方式。

表4-1　不同课程的提问与回应对照表

课程	提问方式	回应
听者命名物品	哪一个是碗?	用手指出碗
以功能询问物品	哪一个是用来吃东西的?	用手指出碗
以类别询问物品	哪一个是餐具?	用手指出碗

儿童对环境事物的认识，首重物品的功能及特征的辨识。而环境中的刺激物是相当庞杂的，如何将其分门别类，则是概念形成的重要过程，RFFC的能力是建立儿童对环境事物的意义理解与概念形成（凤华，2005），并能让儿童扩充生活中的常用语，对各种可能的语言刺激都有所回应以增加弹性（Sundberg & Partington, 1998）。一般发展儿童随年龄成长会逐渐建立对刺激物的各种描述方式，儿童认知心理学将概念分为基层（basic level）、高层（superordinate level）与低层或从属层（subordinate level），儿童会随年龄的发展逐渐发展出这些不同层次的概念系统，并开始拓展各类型描述环境现象的能力（罗雅芬译，2003；Rosch, E., Mervis, Gray, Johnson, & Boyes-Braem, 1976）；Rosch（1976）的研究总结"基本物体（basic object）"或"基层概念"有下面特点：主要特点是最具包容性，主因是该类别外形的具体图像可以形成一整体性；是幼儿最早学会唤名的语言，也是生活中最常被使用的语言。换言之，幼儿最早会从基层的概念开始学会唤名，例如，幼儿会先学会辨认或唤名各种不同的蔬果、动物、生活用品等，蔬果如苹果、西瓜、香蕉等，动物如狗、猫、牛、马等，这些都泛属于基层的概念。后续会随年龄开始发展高层概念，例如将狗、猫、牛等归类于哺乳动物；接着再将基层概念进一步发展出低层概念，例如将狗（基层概念）依据不同特征分为马尔济斯犬、贵宾犬、狼犬等低层概念。高层就等同于分类的概念，而低层的能力则着重于描述某一物体的构成部分，可以是外观可观察的（如形状或其他部分的对象）或是抽象的成分（如颜色、质地等）。儿童认知的层次与RFFC具异曲同工之妙，儿童认知的低层与高层等同于RFFC的特征与分类，不同学理但可相互衬托更能深入异趣。

环境中的语言刺激复杂多变，即便人们于日常生活中最常使用的是基层的用语，也常会依据环境脉络选用不同阶层或不同形式的用语，例如，远远看到有动物在移动，人们快速辨认后会说"有一只狗"；而在遛狗时，会优先选取低层的用语，倾向于使用更具体、细致的表述，如对其品种和特性进行描述。然而，孤独症儿童却受限于其过度选择或固着的特性，较难如一般发展者那样发展出如此繁复的描述能力。如何协助这些孩子适应瞬息万变的语言刺激，是教学者需要关注的议题，RFFC则提供了具体可行的方向。

二、内隐刺激所控制的语言行为

前面章节的语言操作的受控刺激皆为外观可观察的，然而，某些语言行为是受到只有说者才能对其做出反应的刺激所控制，Skinner（1957）在介绍语触（tact）的章节中，将之界定为由内隐刺激所控制的语言，例如，"我牙痛；我肚子疼；我头晕"，Skinner认为该反应是由某种事态所控制，这事态除了说者自身外，没有其他人可以与之建立联系；而此种形式状态与其他外显可观察的事态一样是可以解析的。Skinner的此番论述正好可以清楚展现行为分析对内隐世界关注与对外显环境的关注是一样看重的。本节中对内隐世界的一些论点早在1945年就发表在一篇题为"The Operational Analysis of Psychological Terms"（心理学术语的操作分析）的文章中，可见其重要性。

语触的建立是当一特定区辨刺激出现时会强化既定的反应，因而产生刺激与反应的后效关联之刺激控制。然而分析内隐刺激和它是如何获得刺激控制是无法借由此种后效强化来解析，主要是因为内隐刺激只有个体本人可以观察，但是行为分析师却不能，且控制语言事件的内隐刺激，通常是隐私的，不论是多么敏锐的仪器，也无法侦测到内隐刺激和行为（Skinner, 1957）。

具有强化作用却无法接触到内隐刺激的社群，例如家长、教师或治疗人员，至少有下列几种方式可以用来协助儿童或障碍者说出与内隐刺激相关的语言（Skinner, 1957; Sundberg, 2020）：

（一）使用控制反应的终极内隐刺激的公开伴随物

盲人是经由触觉建立对世界的认识与理解，当盲人对环境刺激物以指尖接触探索时，老师是以眼睛看到的刺激物（视觉刺激）提供后效强化，因而建立盲人说出物体名称的刺激控制关联。此种学习历程可类推人们借由外显的视觉刺激物，协助个人说出自身所体验到的内隐的状态。人们通常以与疼痛刺激有关某些特定公开伴随物（如经历强烈撞击、外显组织损伤等）来教孩子按照社群的说法说"痛"，建立强化后效关联的刺激控制。通过此方式，老师在随机生活事件中，如将儿童跌倒蹭破皮（可观察的刺激）当成一个教学机会，发展受控于内隐刺激所控制的语言行为——"好痛"或"破皮受伤了"。

（二）附带的反应

另一个常见的做法是使用某种与内隐刺激相关的附带反应，例如，家长可能没有直接看到儿童跌倒或头撞到桌角，但是有看到儿童抚摸着受伤的膝盖或摸着头在哭，此种与内隐刺激相关的附带反应让家长知道疼痛刺激的存在，借此机会让儿童学会说出其内在的感受"好痛"或"破皮受伤了"。对于较为复杂的内在状态，如说出内在的情绪感受，可能会结合适用于某个内在状况的几项特征来描述该内在状况，个人会基于这些信息习得高兴、害怕的心情状态，如要学习判读高兴的心情，可使用眼睛笑眯眯、嘴角上扬等几项脸部表情特征作为附带反应，借由后效强化建立某个对该内在情绪的适当反应。

（三）隐喻式反应

此概念与本书第三章介绍语触时的隐喻式延伸类似，新的刺激和内在刺激会共享部分相关的特征，借此可让原本的内隐刺激与公开刺激相连而变得具可观察性，同时凭借共同属性让反应转移到私有事件。形容情绪时常具有此种特性，如"锥心刺痛"应来自尖锐物体的刺激感受与某些内隐刺激之间的相似处，产生隐喻式反应。

三、随机命名

Howe 和 Lowe（1996）首先提出随机命名的概念，强调此种能力促使儿童能于生活中随机学习唤名能力，在没有教学下能同时具备听者与说者的能力，此概念开启随机命名的双向性。随机命名被认为是幼儿发展中的重要分水岭之一，也是语言行为发展领域重视的议题，随机学习让儿童在语言的学习中出现大量扩展现象（Greer & Keohane, 2006；Gilic & Greer, 2011）。此发展分水岭也需有适当的环境促进因子，亦即所处环境需能提供丰富的语言刺激，以促进儿童随机命名能力的充分展现。换言之，随机命名能力指个体能够不经教学，仅于生活中随机听到他人命名一物体或刺激，便能自发习得指认及说出该词汇（Gilic & Greer, 2011; Greer & Ross, 2008）；其中听者及说者是随机命名的重要元素，因而 Howe 和 Lowe（1996）强调随机命名可定义为"说者作为自身的听者"（speaker-asown-listener repertoire）的概念。更进一步的阐述是，随机命名是一种具双向性的高阶语言操作，双向性是指不需要额外教学，儿童能在听者与说者命名能力上任意转换运用（Gilic & Greer, 2011; Greer & Speckman, 2009）。例如，儿童在生活中随机听到妈妈指着一朵花说"玫瑰花"，儿童在某一天与妈妈散步时，看到类似的花时也会说出"玫瑰花"，或妈妈说玫瑰花时儿童会用手指出，代表儿童仅随意听到玫瑰花这个词汇后，就能具备听者与说者命名的能力，且能任意切换。统整上述议题，可归结几个随机命名的要点：①随机命名主要是以听者及说者二种角色的双向性来定义；②环境中提供丰富的语言刺激是促进随机命名能力开展的重要促进因子；③随机命名意指不经教学仅借由生活中的观察学习及获得听者及说者命名能力。

一般发展儿童约于2—3岁发展出随机命名的能力，而促使语言能力大幅扩展。部分障碍儿童，如发展迟缓或孤独症儿童，未能如一般发展儿童于发展过程中自然长出随机命名的能力（Feliciano, 2006; Greer & Ross, 2008）。要如何探测儿童是否具备随机命名的能力，可采用下列方式（可参阅图4-1）（Gilic & Greer, 2011; Greer & Ross, 2008）：①需有配对及指认物品的先备能力；②以配对教学作为儿童观察学习的情境安排，配对刺激物是儿童不认识的物品，在配对期间教学者会说出配对物的名称，但不要求儿童复诵物品名称；③配对教学后，使用配对课程中的刺激物对儿童进行听者与说者的探测，过程中不给予纠正或反馈。听者探测方式为：教学者于配对任务时会针对配对正确的刺激物说出刺激物名称，配对任务完成后，开始进行听者命名探测，儿童须能依指令找出目标刺激物；说者探测方式为：教学者逐一呈现配对任务时的刺激材料，儿童能说出刺激物的正确名称。

具体实务操作程序详见图4-2，首先准备刺激组1，每组共有5个刺激物，探测阶段儿童必须能出现听者及说者反应达80%正确率，若没有通过，则进入刺激组2的配对任务学习及探测，达标之后，须回过头探测刺激组1的材料，若刺激组1还是没有通过，再准备新的刺激组3进行配对任务，刺激组3通过标准后，要再回头重新探测之前未通过的刺激组。以此类推。若刺激组1通过探测后，可随机探测生活中的对象，以确认儿童是否已具备听者及说者的随机命名能力。

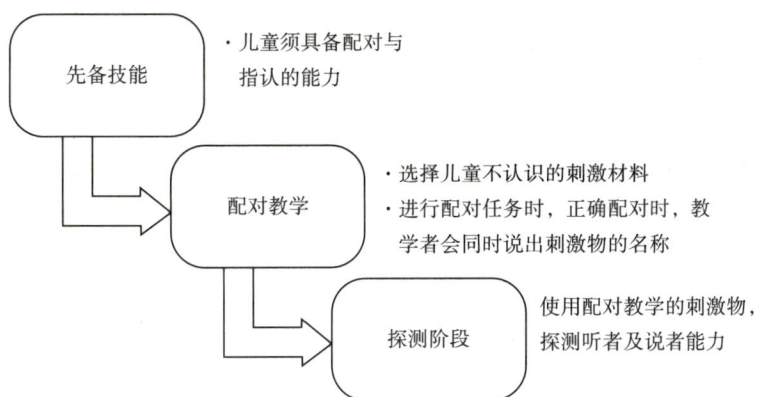

图4-1　随机命名能力的评量程序

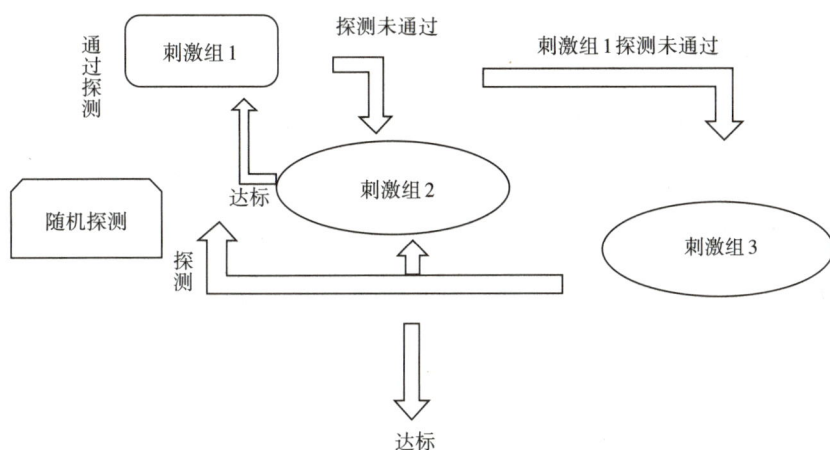

图4-2　探测程序

四、次级语言操作——自动附加

Skinner（1957）的《语言行为》中特别提到初级语言操作是自动附加的基础，没有初级语言操作的基础就不会有自动附加。自动附加是说者为了要深化或修饰基础语言操作所发展的一种进阶的语言操作。说者为了要准确传递信息，让表达的内容更精准，说者内在会出现区辨的过程，区辨可以是对事件的确定程度，或呈现事件中多寡的议题，通过说者内在的区辨程序，深化传递的信息，或让信息更为精准（Sundberg, 2007）。自动附加这个行为的后果，涉及来自最后听者的区别强化，让听者因着自动附加而产生不同的行为反应。

Skinner特别强调，自动附加是指说者在陈述事件时，知道自己要表述的内容，而且知道如何表述，其中环境的控制关系是一个重要影响因子，也因而让听者获取更清楚的信息，包含对信息的来源、确定性及可靠性。例如，某人在看报纸时说："我看要下雨了。"听者会知道说话者获取"要下雨"这一信息的来源是报纸。（虽然语言中没有说明信息的来源，但是听者知道该语言与环境的关联），而报纸的可靠度应该是高的，而听者听到这信息之后，就会做出带伞的反应，这对说者则是一种强化，会增加之后看到报纸后告知他人天气的行为。然而有些语言对听者的反应就会稍弱，如果说者说："我记得昨天气象报导会下雨"，如果是用我"记得"，表示该引发命名的刺激已经不存在，其可信度就会降低，对听者的影响相对就会减少。当说者使用这些词如"我猜想""我预估""我想"或"我假设"时，表示其受控的刺激源（或信息来源）是不足的，对听者而言，其所陈述的内容的确定性或准确度就是低的。

举个例子来帮助自动附加中的区辨特性，以及说者选择不同语词时，也同时修正命名这个语言操作。例如，当儿童说：我看到奶奶，其中"我看到"正是自动附加，他让听者更清楚的知道是儿童有亲眼看到。如果儿童使用"我听到奶奶"，或是"我想应该是奶奶"，对听者而言，这些不同的自动附加提供了不同程度准确的信息，其中"看到"比"听到"或"我想"提供了更为正确的信息。这个例子还凸显了儿童同时是在自我描述（self-description），说者因为对自己行为的觉察，亦即知道要传递的信息，因而选择适当的描述语词来传递信息给听者（蔡馨惠，2015；Skinner, 1957）。

五、多重因果关联

人类的语言大多是错综复杂的，初级语言操作提供了语言的基本架构，现实生活的人际互动中很少会采用纯粹或单一初级语言操作。针对人类语言的复杂性，Skinner（1957）运用了多重因果关联的概念来分析。其中最基本是：① 一个反应是多个刺激变项的功能结果；②单一变项也可以影响一个以上的反应。Michael、Palmer和Sundberg（2011）称这两种多重因果关联为聚敛式和扩散式的多重控制。聚敛式的多重控制，简言之，就是指一句话的引发可以是受控于请求、命名或交互式语言，例如，好香的苹果，真想咬一口，这句话受控于命名（形容词及名词）、请求（想要）及自动附加（真想，隐含有"但是不行"的意思）；如果更简单来说，可以类比聚敛式思考，例如大象可以受控于大大的耳朵、长长的鼻子及厚重的身体等描述。第二点则可以有多重涵义，同一件事可以有多重说法，例如，想表达否定的看法，可以是轻描淡写的说"可能不太适合"，或是很肯定的表达"绝对不行"；或是在诗词曲赋中，诗人所用的语词常可以引发阅读者不同的反应，如看到"千里共婵娟"，可以是思念朋友，也可以是思念亲人或爱人等，一个刺激变项影响了一个以上的反应；这概念也可以类比于扩散式思考，例如，交通工具可以联想到汽车、火车、三轮车、公交车等；或是脑力激荡、联想或问题解决等，也是反映此种特性的语言能力。多重因果关联对后续语言教学有重要启发，有助于在教学实务中分享其教学方向。

第二节   复杂语言行为教学实务

一、RFFC 教学程序

前述内容提及 RFFC 与一般听者命名的主要差异是在于教学者是否会直接说出目标物的名称，如果是听者命名，老师会说："指出杯子。"RFFC 教学时则没有说出目标物的名称，仅以功能、特征或类别作为陈述（例如，"哪一个是用来喝水的？"或是"指出哪一个是茶水间的物品"）。教学前的准备工作相较其他命名课程较为复杂，也需要以头脑风暴的方式列出每种刺激物的功能、特征及类别。

依据教学实务及相关文献，教导 RFFC 时可从以下几个维度思考（Cooper et al., 2007; Sundberg & Partington, 1998）：①目标物应是儿童已经具备的技能库项目，因教学时主要是转换提问的方式。②目标物建议要与儿童的生活经验息息相关，特别是以功能提问时，儿童可以联结生活经验回答问题，促进儿童对目标物的多元认知。③RFFC 的难易度依序为功能、类别和特征，教学顺序建议由易到难，特征教学要确认儿童已具备命名形容词的概念。④教学初期的材料要选择外观差异大的刺激物，让儿童容易区辨，区辨的数量也从 3—4 个逐步增加到 10—20 个，让区辨情境更接近自然情境。⑤提示系统以刺激提示为主，如手指或位置提示；再逐步减少提示的程度，褪除过程可结合延宕时间策略；要逐步变化教学用语，如，将"指出"调整为"那一个是……"或"给我……"等不同用语。⑥将同样目标物以不同语言操作方式进行轮替教学，以增进对该目标语言的弹性运用，可采用概念图方式协助教学者架构跨不同基础语言操作的教学形式。可参考图4-3、表4-2。

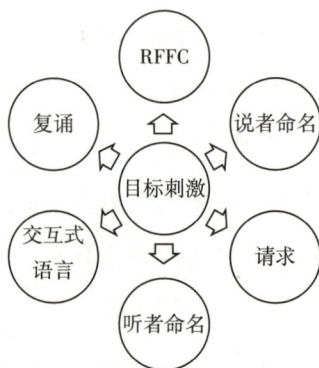

图4-3 单一目标刺激物衍生的不同语言操作

表4-2 以苹果为目标刺激回应图4-3的教学范例（教学材料：苹果、杯子、小汽车、葡萄）

教学指令	儿童回应	基础语言操作类型
哪一个是水果？	指出苹果图片	RFFC
这是什么？（老师指着苹果图卡）	说：苹果	说者命名
闻起来香香的水果是_____	说：苹果	交互式语言
老师说：杯子	说：杯子	复诵
哪一个是苹果	指出苹果	听者命名
这几张图卡，你想要什么？	说：小汽车	请求

图4-3显示目标刺激物可跨不同的基础语言操作，包含说者命名、请求、复诵、交互式语言、听者命名及RFFC。表4-2对应的范例中，不同的语言操作会对应不同的提问语，目标刺激物虽然不完全是主要的目标刺激，但是每个刺激物可以是下一轮的目标刺激，教学者要确认每个刺激物都联结到了不同的基础语言操作。

二、引发随机命名能力的教学程序——多重范例教学

随机命名可视为一种观察学习的能力，具备随机命名能力的学生可以通过日常生活随机观察，联结听觉和视觉刺激并引发听者与说者反应，对于在发展过程

中未能出现随机命名能力的儿童，研究显示多重范例教学（multiple examplar instruction）已被证实可引发学生随机命名的能力（陈羿廷，2021; Greer & Ross, 2008; LeFrance & Tarbox, 2020; Speckman-Collins et al., 2007）。多重范例教学的主要目的在促进同一刺激间听者与说者的等同性，正如刺激等同中的对称关系（假如 A=B 则 B=A），例如，已经建立以听觉刺激（口说苹果）找出相对应的视觉刺激物（苹果图片），反之可以转换为看到视觉刺激物（苹果图片）能说出苹果。要促进二者之间的对称或双向关系，具体作法是对同一刺激快速交错以不同语言操作，以增进不同语言操作间的交互关联性（LeFrance & Tarbox, 2020）。

多重范例教学的程序泛指：一种特定的任务，将不同的语言操作为交错方式分散于多种新的或已习得的刺激范例中（Sidener et al., 2010）。借由此种教学方式，在系列的教学尝试中，同一刺激目标会以两种或两种以上的不同言语操作进行教学，或是多个刺激目标物会以不同的语言操作进行交错教学。以下分述说明：①以一张目标刺激物作为教学，例如，以狗的图片为单一目标刺激物，教学时会请儿童依序以不同的语言操作，包含听者（指出狗）、说者（看到图片说出狗）、以及回答问题（老师问：这是什么，学生回答：狗）的方式交错教学；②以多个目标刺激物的教学方式，例如以四张刺激图片（猫、狗、马、牛），依序以不同语言操作的方式进行交错教学，包含听者（指出狗）、说者（看到图片说出猫）、以及回答问题（老师问：这是什么，学生回答：马）。可参照表4-3及表4-4的范例说明。

表4-3　同一刺激目标以两种或以上的不同言语操作进行教学

一个刺激物（狗的图片）		
语言操作类型	前事刺激	儿童的回应
听者命名	呈现3-4张动物图片，教学者说：哪一张是狗狗	儿童指出狗的图片
说者命名	呈现狗的图片	儿童说出"狗"
交互式语言	呈现图片，教学者问：这是什么？	儿童说出"狗"
配对	呈现3-4图片，给儿童一张样本图片教学者说：找出一样的	儿童找出与其手中一样的图片

表4-4　以多种刺激图片搭配不同语言操作的教学范例

四个刺激物（狗、猫、马、牛的图片）		
语言操作类型	前事刺激	儿童的回应
听者命名	呈现3—4张动物图片 教学者说：从图片中找出狗	儿童指出狗的图片
说者命名	呈现猫的图片	儿童说出"猫"
交互式语言	呈现马的图片，教学者问：这是什么？	儿童说出"马"
配对	呈现3-4图片，给儿童一张牛的图片 教学者说：找出一样的	儿童找出与其手中一样的图片

注：下一轮的教学尝试会用不同的语言操作，会变化目标刺激物

三、聚敛式与扩散式教学实务

人类语言是复杂多元的，孤独症者限于局限的兴趣及过度选择性，会发现其语言会有受控于单一刺激，或无法产生弹性思考或扩散思考等限制。Feng、Chou和Tsai（2015）运用语言行为中聚敛和扩散式多重控制的原理，教导孤独症儿童回答分类的问题并学习提供多重解答。孤独症者在学习过程中会容易认为一个问题只能有一个答案而产生刻板的回应；或者，即便学会提供多重答案，但每次回答的答案都是一样的，也缺少创新的答案，此种学习是以记忆而非以理解或表征的方式，就容易流于固着的形式。Feng等人（2015）的教学则是通过系统化的教学程序，让儿童产生弹性思考的能力，而弹性的具体表现则以扩散式及聚敛式的出现频率展现。该研究采用交互式语言的方式，用图片提示，教孩子回答分类的问题（如：有哪些水果是红色的？聚敛式多重控制），孩子必须提供至少3个不同的正确答案（扩散式多重控制）。在这特别设计的教学之下，孩子开始学会从多元的刺激控制下（红色、水果），能提供多种不同的答案；该研究亦同时记录受试者自发产出的答案，以确认受试者已经有扩散思考的能力，而非局限于教学者教过的答案，而能真正产生弹性思考的模式。

第二部分

语言行为——教学设计篇

1.学习语言行为——前听者相关内容的教学设计。

2.学习语言行为——听者的相关课程的教学设计。

3.学习语言行为——基础说者相关课程的教学设计。

本章聚焦

```
语言行为——教学设计篇 → 各维度的教学设计 → 前听者的教学设计
                                        听者相关课程的教学设计
                                        基础说者的教学设计
                                        进阶语言行为教学设计
```

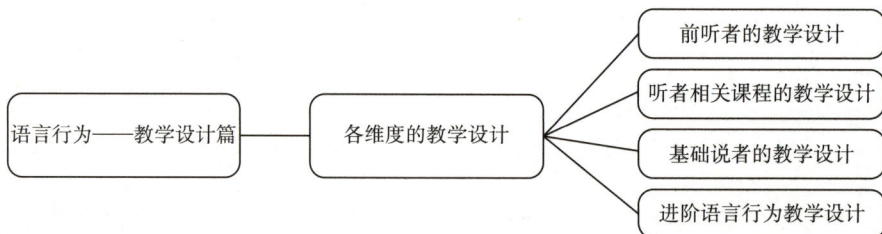

主课程名称	分项课程	延伸课程
1. 前听者	1.1 视觉追视	1.1.1 物品在眼前的追视
		1.1.2 物品不在眼前的追视
	1.2 感官知觉配对（含单一感官知觉配对）	
	1.3 建立"给我"的指令概念	
	1.4 制约声音、物品或书本成为强化物	1.4.1 制约声音成为强化物
		1.4.2 制约物品成为强化物
	1.5 刺激—刺激配对与口语引发	
	1.6 后效增强兴趣拓展	
2. 听者	2.1 听指令	2.1.1 单一听指令
		2.1.2 遵循多重指令
	2.2 物品配对	
	2.3 颜色／形状配对	
	2.4 基础听者命名	2.4.1 单一目标听者命名
		2.4.2 多目标听者命名（共享控制）
	2.5 进阶听者命名（RFFC）	
3. 基础说者	3.1 提要求	3.1.1 提要求获取正强化物
		3.1.2 提要求获取负强化物
	3.2 复诵	
	3.3 说者命名基础课程	
	3.4 交互式语言——接续他人语言	

续表

主课程名称	分项课程	延伸课程
3. 基础说者	3.5 交互式语言—对环境刺激的复杂表达（IFFC）	
	3.6 交互式语言—回应他人提问	3.6.1 回应与人、物有关的提问
		3.6.2 回应与地点有关的提问
		3.6.3 回应与动词有关的提问
	3.7 刺激间关联的联结	3.7.1 以是联结的相关词组教学
		3.7.2 联结感官知觉词汇的教学
4. 进阶语言行为	4.1 提要求获取信息	4.1.1 对人、物、地点的提问
		4.1.2 与时间有关的提问
		4.1.3 与原因有关的提问
	4.2 生活相关事件的因果关系	
	4.3 相关字词的联想	
	4.4 进阶命名—多重线索	
	4.5 陈述事件	
	4.6 自动附加	
	4.7 聚敛式/扩散式多重控制	

DSM-V（APA, 2013）明确界定孤独症的临床特征之一为社交用的沟通缺损，其中包含：语言沟通（如，欠缺开启及持续对话的能力）及非语言的沟通能力（如，缺少眼神接触及肢体语言），以及缺乏脸部表情及手势。本沟通领域的课程则依据孤独症患者临床诊断项目，搭配 Skinner（1957）《语言行为》书中对语言行为以功能角度分类的方式，将包含前听者、听者语言行为，及说者语言的表达提要求、复诵、命名、进阶命名、交互式语言及 RFFC 等大项，教学程序则参照 Skinner（1957）、Greer 和 Ross（2008）及 Sundberg 和 Partington（1998）的文献资料。

社会情绪的发展与语言发展息息相关，Skinner（1957）语言行为以功能与控制的角度定义语言，同时整合沟通与认知发展的相关面向，因此，本课程采用语言行为作为教学领域，使社会情绪与语言（含沟通／认知）能相辅相成，以协助孤独症谱系患者克服其主要临床挑战。

第一节　前听者的教学设计

有些儿童发展出听者命名的能力有困难，依据 Greer 和 Ross（2008）的看法可以检核与发展听者相关的一些前听者能力，其中包含视觉追视、感官知觉配对、制约声音为强化物等。此外，听指令包含对"给我"概念的理解，这些都是促进发展听者能力的相关技能项目，皆包含在这部分进行教学程序的说明。本教学项目中，将依序介绍以下课程。

一、视觉追视

? 教学理由

视觉追视是指眼神能跟着物品移动的能力，也是婴儿展现对环境兴趣的开端，同时也是视觉注意力及专注力的展现。然而，为何视觉追视是属于前听者的能力，也是听者的先备技能呢？首先，听觉刺激是环境中看不到的刺激，需要先有注意的能力，而视觉追视展现的是婴幼儿对环境刺激的专注力，听声音是需要相当的专注力的，通过视觉追视可以培养婴幼儿对环境刺激物的专注力，进而延伸到对声音的专注。

（一）物品在眼前的追视

📝 教学程序

1. 目的：增进眼睛的追视能力及灵活度、建立基础关系、基本注意行为。

2. 教学考虑：学生不会注视环境刺激物，须先建立学生的眼神注视刺激物及物品在眼前的追视反应。

3. 执行程序：先引发儿童注视刺激物的反应，之后在孩子眼神注视下，往左右或上下移动，学生若能持续追视该刺激物则给予增强。

4. 教学材料：个体的中度偏好物（食物、小玩具、代币）。

5. "眼神追视"教学单位：

MO（动机操作）	A（前事刺激）	B（行为）	C（后果）
让学生事先看到该偏好物	将偏好物放在学生眼前，左右移动，移动方位从一个方向到来回两个方向，逐步扩及左右上下	眼神持续追视偏好物	正确反应，给予后效强化物 忽略错误反应

🔍 **教学信息箱**

1.此课程是针对尚未出现眼神注视或有追视困难的学生，教学前需先执行偏好评量，依据结果选择学生中高偏好的物品作为追视的教学刺激物。

2.教学者在移动刺激物时必须确认学生的眼神有持续注视该物品，若有困难则须先教导眼神注视的行为，稳定表现后再进行上下或左右的移动。

3.让学生能看到刺激物，有动机操作的功能，较能引发其追视的动机，待学生对眼前物品的追视能力逐步建立后，再转换成桌面上对被遮蔽之刺激物的追视训练。

（二）物品不在眼前的追视

✏️ **教学程序**

1.目的：增进眼睛的追视能力及灵活度、建立基础关系、基本注意行为。

2.教学考虑：学生若两三天内都无法进入基本注意行为（例如：坐下、唤名时能有眼神接触、模仿）时，则考虑教导此课程。

3.执行程序：在孩子眼神注视下，将一个偏好物放入其中一个容器内（前几次可以先提示），然后请学生找出放置该偏好物的容器，由学生打开，享用或玩该偏好物作为眼神追视维持行为的后效。

4.教学材料：（1）半透明及不透明的容器（杯子、碗或盒子），变化大小、形状及颜色；（2）个体的偏好物（食物、小玩具、代币）。

5."眼神追视"教学单位：

MO（动机操作）	A（前事刺激）	B（行为）	C（后果）
让学生事先看到该偏好物	在学生视线内将偏好物放入一个容器内，移动容器（等2至3秒）。 （教学指令：找出○○；○○在哪里）	眼神追视、翻开容器、看到该物品	由学生自己拿取，让学生吃或玩该物品（R+）忽略错误反应

6.教学阶段：先以两个半透明容器进行活动。

（1）阶段一：不移动容器。

（2）阶段二：移动一至二次。

（3）阶段三：移动二至三次以上。

（4）增加半透明容器数量至三个即可。

（5）变换容器（不透明）：并逐步增加移动次数、速度及容器数量。

7.教学精熟标准：呈现三个不透明容器，快速移动容器三次以上，学生能正确找到偏好物，达80%正确率，连续两天。

8.数据记录表

教学项目：视觉追视能力　　教学日期：＿＿＿＿　教学者：＿＿＿＿　学习者：＿＿＿										
教学指令：○○在哪里？										
材料	数量	速度	移动次数	反应					正确率	备注
透　明□ 半透明□ 不透明□	1□ 2□ 3□	慢□ 中□ 快□	1次□ 2次□ 3次□							
符号记录：正确反应+，错误反应—，提示下正确P+										

🔍 **教学信息箱**

1.视觉追视培养学生对刺激物的专注力，因此，刚开始要让学生有成就感，操作的材料从半透明的杯状物开始，再逐渐转为不透明的杯状物，逐步建立学生对刺激物的专注力与持续注意力。

2.对于较为困难学习的学生，先进行1.1.1的课程。

3. 或于上本课程前，先执行物品在眼前的追视活动作为引发动机，先让学生看到刺激物，也较能引发其追视的动机，紧接着再转换成桌面上对被遮蔽刺激物的追视训练。

二、感官知觉配对（含单一感官知觉配对）

？ 教学理由

Greer 和 Ross （2008）指出感官知觉配对能力是后续发展区辨能力的基础，其中的听觉刺激配对则是直接与发展听者能力相关的重要基础能力。依据 Greer 和 Ross 的建议，感官知觉配对的整体教学目标是：当教学者给儿童一个感官样本刺激，并搭配一个配对范例及两个非范例，学生能正确选择配对的刺激，并能跨视、听、触、嗅、味等感官，达成预设的标准。该教学建议可以视为最终感官配对的教学目标；不过，从教学实务经验中会发现，对于能力较弱的儿童，感官配对需要分别教学后，再进入跨感官的教学形态，此外，各种感官能力的转移也是重要目标。本课程会先从单一感官教学进行说明，并基于教学信息提供跨感官教学的建议。

📝 教学程序 （以听觉为刺激材料的教学单位）

（一）目标：儿童可以依所听到的声音刺激样本，从 3 个范例中找到正确的配对样本。

（二）教学考虑：儿童没有出现探索环境的动机，对人的声音或指令没有反应者。

（三）教学材料：教学材料可以是事先录制好的声音，也可以内装不同物品的罐子。如果是使用罐子，罐子必须是不透明，外观必须都要一样，内装物可以是小积木、绿豆、沙子或其他物品。

（四）执行程序：

1. 先从 1 个样本刺激对 2 个刺激范例（1 个配对范例、1 个非范例），先让学生听样本刺激的声音，再将 2 个刺激范例随机呈现，依序让学生听刺激范例的声音，请学生找一样的声音。

2. 再增加至 1 个样本对 3 个刺激范例（1 个配对范例、2 个非范例），执行程序参照上述的程序。

3. 标准：连续两次达 100% 的正确度。

（五）以声音配对作为教学范例

教学阶段	动机操作	A	B	C
阶段一	确认儿童的偏好物	提供 1 个样本刺激，1 个配对范例，及 1 个非范例。 先将样本刺激摇一摇给儿童听，再让儿童先听两个刺激物（配对范例及非范例），并随机放置 2 个刺激物。	选出正确的配对范例	获得强化物
阶段二	确认儿童的偏好物	提供一个样本刺激，1 个配对范例，及 2 个非范例。 先将样本刺激摇一摇给儿童听，让儿童听 3 个刺激物（一个配对范例及 2 个非范例），随机放置刺激物。	选出正确的配对范例	获得强化物

【前事安排与 S^D】

1. 确认儿童的偏好物。

2. 先让儿童听样本刺激，再随机呈现 2 个刺激物（配对范例及非范例），等 5 秒钟让学生反应。

3. 非范例的安排，于初始训练阶段要与配对范例的区别很明显，让儿童容易区辨二者并找出正确的配对范例，若学生学习上有困难，可以先以空罐子（例如，没有声音）作为非范例。

【教学提示】

可以采用肢体提示，先带着学生选出正确的配对范例，搭配提示后独立的程序，让学生在提示后看是否会有独立的表现。

【后效】

1.尽量选择学生高度偏好的刺激物，并确认有匮乏经验（至少2—3小时没有玩过或接触该物品）。

2.建议要以泛化制约为主要强化物。

3.为了提升学生的学习动机，可安排自然后效。在准备材料时，将儿童喜爱的零食或玩具放入不透明罐子中，学生若能正确配对，便可享用这些偏好物。

🔍 **教学信息箱**

（一）教学情境的桌面要净空，只放置教学刺激物，避免无关刺激干扰学生的学习。

（二）听觉的教学刺激，可以是环境中的声音，例如，动物叫声、流水声、乐器声等，可以参考学生所偏好的听觉刺激作为教学材料。

（三）教学可分为阶段一及阶段二，阶段一只提供2个选择刺激物（配对范例及非范例），阶段二再增加为3个选择刺激（1个配对范例，2个非范例）。

（四）其他感官的配对教学可以参照上述的教学程序，依不同感官提供对应的感官体验，如触觉，是让学生触摸刺激物，嗅觉是让学生闻刺激物等。

（五）感官知觉配对最终的教学目标为跨感官的配对能力（Greer & Ross, 2008）。

1.教学目标：每次20个教学单位（尝试），涵盖视、听、触、嗅、味等5种感官，每个感官有4次教学尝试。

2.每个感官选择2种范例作为教学材料，依序呈现不同的感官刺激，5种感官的2种刺激范例都会随机作为目标物或非范例各2次。

3.每次教学，会呈现1个范例及1个非范例，给予刺激后，会等3秒钟期待学生的反应。

4.标准：连续2个教学时段均达80%的正确度。

5."感官配对"数据记录表：

教学项目：<u>跨感官配对</u>　教学日期：_____　教学者：_____　学习者：_____							
教学指令：看一看／听一听／闻一闻／尝一尝／摸一摸，找看／听／闻／尝／摸起来的一样的							
感官类型	教学材料（三种）	反应				正确率	备注
视觉							
听觉							
触觉							
嗅觉							
味觉							
符号记录：正确反应+，错误反应—，提示下反应P							

（六）听觉配对的延伸，则是进入口说声音的配对，声音的录制可以是物品名称的声音刺激、人的称谓声音刺激，及地点声音刺激等，非范例则可以先搭配环境中的声音刺激，再逐渐转成口语刺激。

（七）"听觉感官配对"教学检核表：

项目	检核	备注
教学材料与指令		
确认强化物	□是 □否	
确认刺激范例及非范例	□是 □否	
先让学生听配对范例及非范例，再听样本刺激，并说：找一样的声音	□是 □否	
刺激材料的呈现从环境声音，逐步转换到说话的语音	□是 □否	
提示方式		
肢体提示+提示后独立（提示拿取正确物品后，再听配对范例）	□是 □否	
后效增强		
具体增强学生正确的反应	□是 □否	
社会增强与实物强化物配对	□是 □否	

三、建立"给我"的指令概念

? 教学理由

　　学会"给我"的指令概念，是未来儿童学习听者命名的先备课程。在日常生活中，从基础的协助他人拿取或传递物品（给我杯子、给我盐巴等）、到进阶的与他人合作等，也都会运用到给我的概念，给我虽是前听者的基本课程，却也是后续人际互动的必要先备技能。

教学程序

（一）技能描述：教学者说"给我"的指令时，学生能依指令将桌上的物品拿给教学者。

（二）教学材料：教学材料需要准备十种以上的中性刺激物，可以是积木、笔或其他简单的物品。切记不要使用学生的偏好物，以免在提示阶段学生会出现抗拒教学者的状况。

（三）技能标准：学生能依指令做出反应，每次教学至少十次（每次教学所呈现的物品要不同），连续2个教学时段达100%正确，跨不同教学者与情境。

（四）"给我"教学单位：

阶段	动机操作	A	B	C
一	确认儿童的偏好物	情境：清空桌面，只放置一个中性刺激物。教学指令："给我"+手掌张开	将物品给教学者	获得泛化强化物
二	确认儿童的偏好物	情境：清空桌面，只放置一个中性刺激物。教学指令："给我。"	将物品给教学者	获得泛化强化物

【前事安排与 S^D】

1. 确认学生的偏好物以增加学生学习动机。

2. 阶段一教学者除了给教学指令"给我"外，要外加动作提示"手掌张开"。阶段二教学者只给指令，动作提示要褪除，让学生的"给"的行为是纯粹受控于教学者的指令。

3. 该指令需简洁有力，避免出现无关的语言，也切记不要加上物品的名称（错误范例：给我积木），因为这个课程只是教"给我"的概念，教学课程并未包含听者命名的部分。

【教学提示】

1. 阶段一使用肢体提示，从全肢体提示，逐渐减少肢体提示的程度，直到学生能独立做出给的行为并达标准。

2. 阶段二教学者的手不再张开作为提示，并使用固定3秒延宕提示的方式进行教学。3秒内未出现正确反应时再给部分肢体提示。

【后效】

1. 尽量选择学生高度偏好的刺激物，并确认有匮乏经验（至少 2—3 小时没有玩过或接触该物品）。

2. 当学生做出给的反应时，教学者给予泛化制约增强并搭配社会增强："很好，你有给我！"

3. 提示下的增强与独立完成行为时的增强强度要有差别，提示下较小的增强，独立表现要给大的增强。

（五）"给我"数据记录表

教学项目：遵循指令"给我" 教学日期：_____ 教学者：_____ 学习者：_____					
教学指令：给我					
教学材料	提示方式	反应		正确率	备注
	全肢体☐				
	半肢体☐				记录玩法及儿童反应
	3秒延宕☐				
符号记录：正确反应+，错误反应—，提示下反应P					

🔍 **教学信息箱**

（一）教学情境的桌面要净空，只放置一样刺激物，避免无关刺激干扰学生的学习。

（二）每次教学尝试的刺激物要不一样，如果要教十次，建议要准备10样不同的刺激物。

（三）对于完全无指令概念的学生，要以0秒延宕+全肢体提示给予协助，全肢体协助建议不要超过3次，2次之后就要开始减少肢体提示的程度。

（四）在教学初期，为提升教学的趣味性，教学者可通过拓展单个中性物品的趣味玩法，以增强自然强化后效。例如，当教学者要求儿童把笔递给他后，可利用这支笔设计多种有趣玩法：将笔从斜坡上滚落，让儿童观察笔滚动的轨迹；或者把笔在桌子上转动起来，引导儿童观察旋转的轨迹；亦可展示花样转笔技巧，展现独特的玩法。这样，儿童每次会对不同的玩法充满期待，进而提升教学效率。

（五）"给我"教学检核表：

项目	检核	备注
教学材料与指令		
确认学生的注意力	□是 □否	
阶段一：教学指令："给我"，简洁清楚，没有命名刺激物	□是 □否	
阶段一：教学者给教学指令外加上手掌张开的动作提示	□是 □否	
阶段二：只有教学指令"给我"，没有动作提示	□是 □否	
提示方式		
阶段一提示方式：全肢体、部分肢体提示	□是 □否	
阶段二提示方式：3秒固定延宕	□是 □否	
后效增强		
具体增强学生的正向反应	□是 □否	
社会增强与实体强化物配对	□是 □否	

四、制约声音、物体（如玩具或故事书）成为强化物

孤独症患者有物品使用的固着性问题，或由于窄化的注意力或过度选择的特性，使个体对环境的刺激（包含声音、玩具或是故事书等）较缺乏兴趣或出现反应，而影响个体日后的各项发展。因此，如何系统化的协助孤独症患者对环境的声音、玩具或故事书产生兴趣，以下分别说明之。

（一）制约声音成为强化物

❓ 教学理由

部分孤独症儿童对于人声音的反应缺乏兴趣，他们在学习上会过分依赖视觉的提示和刺激，忽略听觉所传达的信息，导致在语言的发展上产生缺陷。如果能在早期介入阶段，尽早让儿童对大人所说的话、发出的声音形成制约增强，进而产生兴趣，则能使儿童在语言的学习上走入正轨。此外，人际互动过程需要使用大量口语，在没有视觉提示的情形下，如何让孤独症患者对声音的反应产生兴趣，进而在后续对声音有正向的反应，这个课程即对未来人际沟通的发展扮演先备技能的角色。

📝 **教学程序**

1. 技能描述：学生对主要照顾者或教师的声音会产生兴趣，例如：转向声音来源，或持续听声音录音带至少5分钟。

2. 执行程序：依据 Greer 和 Ross（2008）的教学程序，事先录制好教师或主要照顾者的录音资料，内容以描述儿童的行为为主（例如，"○○○，你在玩玩具吗？"）制约刺激配对程序为：儿童戴着耳机，提供一个纸制键盘，只要儿童按压键盘上的按键，就播放录音带并同时给予强化物；儿童的手离开按键，则停止播放录音带，之后再重新开始刺激配对。声音刺激的配对课程每次约进行5分钟，在一开始训练初期，可先设定5秒钟时距，每5秒钟内至少提供2至3次强化物。5秒的刺激配对（按按键发出声音，并给予强化物）后，进行5秒的探测（观察儿童是否会持续按着按键听声音，但不给强化物），如果儿童可以独立按按键听声音5秒钟，再逐步延长为10秒（配对）→10秒（探测）、20秒（配对）→20秒（探测），一直到儿童可以持续到60秒（配对）→60秒（探测），终点目标为儿童可听录音带时间连续5分钟。

3. 技能标准：让儿童按压一按键（或图示按键）并由录音带产出声音，持续5分钟（刚开始的目标可从5秒钟开始）。

4. 教学材料：探测情境只有录音带、按键或耳机，没有其他玩具。

5. 教学程序图示：

配对教学	探测	配对教学	探测	配对教学	探测	配对教学	探测	持续5分钟
按按键发出声音＋增强	按按键发声音（教学记录）	按按键发出声音＋增强	按按键发声音（教学记录）	按按键发出声音＋增强	按按键发出声音（教学记录）	按按键发出声音＋增强	按按键发出声音（教学记录）	按按键发出声音

注：每次介入持续3—5分钟，配对及探测都从时距5秒钟开始，逐步增加到10秒、20秒，以此类推。

🔍 教学信息箱

1.此阶段的教学重点是让学生对主要照顾者或教学者的声音产生正向的反应，通过中性刺激（教学者或照顾者的声音）与强化物的配对，使儿童对声音产生正向反应。

2.教学者的声音除了可以是描述儿童的行为，也可以描述儿童的日常生活活动（例如：○○○，妈妈每天都带你到这里来上课，这里有很多的玩具还有小朋友），儿童的喜好（例如：○○○，你最喜欢滑滑梯了是吗?），以及老师对儿童喜爱的表达（例如：老师最喜欢你了）等。

3.此教学着重于学生的听者基本能力的训练，学生于教学期间有无发出声音不是本课程的教学目标。

4.强化物的选择要依据学生的状况而定，若需要提供原级强化物（例如，食物），尽量以少量为原则，以免学生食用过多而容易饱足，并应斟酌考虑其健康因素；此外，少量的强化物也较易褪除或转换为其他社会增强。

5.教学记录表采用时距记录方式进行，表22是以5秒为一时距的记录范例。建议以全时距方式进行登录，"＋"代表5秒钟儿童都按在按键上，"－"则代表没有按按键或少于5秒钟。该评量达90%的成功率时，则加长为10秒时距。以此类推。

▶以5秒为时距的记录表（其中教学5秒不做记录，只记录探测的时距表现）

	第1次	第2次	第3次	第4次	第5次	第6次
第1分钟	＋	＋	－	－	＋	－
第2分钟						
第3分钟						
第4分钟						
第5分钟						

（二）制约物体成为强化物——以故事书为例

❓ 教学理由

孤独症儿童由于固着性的影响，只对特定物品产生注意或兴趣，其局限的兴趣选择，也限制了后续多元学习的可能性。故事书是开启儿童学习视野的重要方法，诸如语言或人际互动及正向特质的学习等，大都是通过故事书的楷模学习经验，同时扩展学生的学习视野。如果能在早期介入阶段，尽早让儿童对故事书产生自动增强，应能有效拓展儿童各领域的学习。

✎ **教学程序**

1. 技能描述：学生对故事书产生兴趣，例如，能够翻阅故事书至少五分钟。

2. 执行程序：参考 Nuzzolo-Gomez 等学者（2002）的教学程序，在教学者提示下，引导学生做出眼神看书或触摸书的行为时并同时配对增强，5秒钟内至少提供2至3次强化物。5秒的刺激配对后，进行5秒的探测，探测阶段没有提示也没有配对强化物；探测主要是观察在没有提供强化物的情形下，学生是否会持续翻阅书籍，如果在5秒的探测中，学生可以独立持续翻阅书籍5秒钟，持续两天达90%的正确率，则再逐步延长为10秒（配对）→10秒（探测）、20秒（配对）→20秒（探测），一直到儿童可以持续到60秒（配对）→60秒（探测）。每次教学5分钟。

3. 技能标准：学生能注视或触摸书本，达90%的60秒全时距的达成率，持续5分钟（6个时距）（刚开始的目标可从5秒钟开始）。

4. 教学材料：探测情境只有书本及强化物，没有其他玩具。

5. 教学程序图示：

配对教学	探测	配对教学	探测	配对教学	探测	配对教学	探测	持续五分钟
翻故事+增强	翻故事书（教学记录）	翻故事书+增强	翻故事书（教学记录）	翻故事书+增强	翻故事书（教学记录）	翻故事书+增强	翻故事书（教学记录）	

注：每次介入都持续5分钟，从时距5秒钟开始，逐步增加到10秒、20秒，以此类推。

🔍 **教学信息箱**

1. 本教学方式也可以用玩具取代故事书，建立制约玩具成为强化物的教学活动。在执行制约玩具成为强化物的课程时，目标行为应设定为具功能性的玩具玩法，以避免无意间增强玩具的固着玩法。

2. 文献中建议在探测阶段，对于达成目标的探测反应，教学者是不给学生任何形式的增强。然而在实务操作经验中，会发现如果能在初期教学阶段，于探测期中达成目标的行为给予社会增强或泛化制约增强，可以有效促进独立反应的表现，增进教学效能。后续有需要则之后可再依学习进展逐步减少增强比率。

3.本教学法也可以运用在其他物品操作的活动中，例如：串珠、堆积木、拼图等，或是拓展儿童的休闲兴趣，如画画、拼贴等。

4.强化物的给予应以不影响其摸书、看书、功能性操作玩具的行为为标准，可以根据儿童的喜好给予食物增强并搭配社会性赞美，例如，让孩子可以舔一口棒棒糖，可以吃一点点小海苔或小饼干等，也可以给予孩子喜欢的触觉、本体觉或听觉的刺激，例如运用头部按摩器给孩子进行舒适的按摩，让孩子听喜欢的音乐等。

五、刺激—刺激配对与口语引发

? 教学理由

一般婴幼儿在牙牙学语期间，会产生很多自发的声音，这是婴幼儿对各种语音的试探，对促进日后的口语发展有很大帮助。孤独症儿童则较少会发出多样的声音，有时可能只是出现单一重复的声音，如果能在早期介入阶段，让儿童愿意尝试发出各种声音，以产生自动增强，应能有效拓展特殊需要儿童语言能力的发展。

📝 教学程序

1.技能描述：学生在自由游戏时段，会发出各种与教学者配对有关的声音。

2.执行程序：参考 Sundberg 等学者（1996）的教学程序，将大人的声音和具增强效力的刺激（例如：挠痒、举高、由成人协助弹跳等）配对，每分钟至少要将声音与强化物配对15次，可以集中或分散时段执行教学，每次时段至少5分钟。3至5个时段后进行探测，观察儿童各种口语类型的出现频率。

3.设定标准：在探测阶段，儿童每分钟出现5次以上自发性口语。当儿童达成时，可以再变化其他声音。

4.教学材料：教师的声音及强化物（强化物可以是原级增强、社会增强、活动等学生有兴趣的刺激物）。

5.教学程序图示：

配对教学	配对教学	配对教学	探测1	配对教学	配对教学	配对教学	探测2
成人发出声音＋增强	成人发出声音＋增强	成人发出声音＋增强	儿童自发性口语（观察记录）	成人发出声音＋增强	成人发出声音＋增强	成人发出声音＋增强	儿童自发性口语（观察记录）

注：每次教学至少5分钟，可依学生需求调整时间长度，每分钟至少配对15次。

6.口语引发观察记录表

教学项目：刺激配对与口语引发		教学者：_____					学习者：_____				
日期	时段（1分钟）	反应								频次	备注
	时段1										
	时段2										
	时段3										
符号记录：记录"正"号											

注：备注中可以记录每次发音标准的不同

🔍 **教学信息箱**

1.教学者在呈现声音时，要变化各种音调。

2.可依据学生的口语表现水平选择目标口语，例如：声音（单音）、单字或词汇。

3.Sundberg等学者（1996）的研究发现，一名儿童在刺激配对前是每分钟发出4个字词；在刺激—刺激配对过程中，将新词"苹果"与成人挠痒刺激配对，60秒内配对15次。在配对之后的观察期，该儿童在四分钟内说"苹果"17次，此外，其他原本有的口语也明显增加出现率。该研究发现此方式可以有效引发新的口语，并增加原本口语的出现率。此范例的明显成效让口语训练有了突破性的发展。

六、后效增强与兴趣拓展

❓ 教学理由

　　一般幼儿在学会走路，自主性出现后，会对环境产生极大的兴趣，各种探索活动会逐步展开，也在探索中发现自我对环境的掌控力；通过操作物品、接触各样玩具与活动，开始能理解及控制环境中的各样刺激。孤独症儿童临床症状之一为固着性，由于过度选择的问题，他们局限在环境的特定刺激，甚而产生许多重复、自我刺激的行为议题。如果能在早期介入阶段，尽早让儿童愿意尝试发出各种声音，以产生自动增强，应能有效拓展孤独症儿童语言能力的发展。

📝 教学程序

　　（一）技能描述：学生在自由游戏时段，会选择经后效增强的中性玩具组或操作型活动。

　　（二）执行程序：选择适合学生年龄层的玩具或活动，从 1：1（出现一次目标反应即获得一次强化物）开始，让操作玩具或进行活动的行为获得后效增强。之后逐渐淡化增强计划表，从 1：1（一个正确反应即获得增强），2：1（二个正确反应才获得增强），5：1（五个正确反应才获得增强）到能完全独立完成一整项活动。若行为是要延长进行游戏活动的时间长度，则采用时距增强计划表方式进行训练，从 5sec：1（持续五秒钟则给增强）开始，逐步淡化计划表为 10sec：1，20sec：1，逐渐拉长行为可持续的时间长度，目标则可依不同类型活动设定最终的持续时间长度。每次教学以三分钟为原则，阶段目标达成 90% 的成功率，则可以进入下一阶段目标。

　　（三）技能标准：在不需要提示下，能独立完成操作型的活动，至少能拓展10种玩具组或操作型活动。

　　（四）教学材料：事先以自由操作的方式，筛选出符合学生年龄层及兴趣的玩具组或活动。初期训练阶段，如有需要可以采用原级增强，但要搭配社会性赞美，并逐渐褪除原级增强，使学生能由活动中产生自然性增强。

（五）教学提示：刚开始的阶段先使用全提示，再进入独立阶段。提示依不同的活动选择适当的提示，建议以肢体提示为主要选择，避免使用口语提示，以免学生产生对口语提示的依赖。

（六）教学程序范例：

活动举例	目标	增强计划表	说明
涂鸦	可以拿笔在图画纸上涂鸦至少持续5分钟	时距增强计划表	1. 从5秒时距开始，逐步增加到10秒时距，以此类推，直到5分钟时距。 2. 可以视需要加上肢体的协助，增强计划表的淡化则要确认学生可以在时限内独立涂鸦。
串珠	可以自行完成不同形状大小的串珠至少串15颗	比率增强计划表	1. 从串一个串珠给一个代币增强，串2个给1个代币增强，逐步增加到串15个串珠完成后再给一个代币增强。 2. 可以视需要加上肢体的协助，增强 计划表的逐步淡化则要确认学生可 以独立完成阶段性串珠的数量。

🔍 **教学信息箱**

（一）以时距为主的后效增强兴趣拓展课程，建议初期要结合上述的刺激—刺激配对的教学程序，以快速达成教学目标。

（二）拓展的活动可尽量选择具有开展性或与未来休闲、生活自理、职业发展有关的活动，例如：堆积木、拼图、串珠、画画、折信封、收纳物品、分类物品、物品上架、缝纽扣等。

（三）兴趣拓展可以有效减缓孤独症患者的自我刺激行为，此外，在实务操作过程中也发现学生会开始对周遭的事物产生兴趣与好奇；借由好奇心的引发，才能让孤独症患者打开自我的藩篱，与社会环境产生联结及互动。

（四）教学记录表范例可以参考下表。

▶以5秒为时距的记录表（FI5sec，持续5秒则给增强）

项目		第1次	第2次	第3次	第4次	第5次	第6次	第7次	第8次	第9次	第10次
	第1分钟	P＋	P＋	－	－	P＋	－	P＋	P＋	－	－
	第2分钟										
	第3分钟										

注：若该行为需教学者的提示才完成者，记录为P＋，计分时视为－。

▶以完成量为主的记录表单

	第1次	第2次	第3次	第4次	第5次	第6次	第7次	第8次	第9次	第10次
1：1	P＋	P＋	＋	＋	＋	P＋	＋	＋	P＋	P＋
2：1										
3：1										
4：1										
5：1										
6：1										
7：1										
8：1										
9：1										
10：1										
11：1										
12：1										
13：1										
14：1										
15：1										

注：若该行为需教学者的提示才完成者，记录P＋，计分时视为－，超过3秒才启动该行为，
则依旧视为P＋。

第二节　听者相关课程的教学设计

听者是一般发展儿童学习说话的基础。发展心理学者的研究发现婴幼儿对人的兴趣远大于其他物品，且会花时间观察人的各种反应，主要照顾者也常会对着婴幼儿说话，因此，在婴幼儿牙牙学语之前就已经大量累积听者语言的经验，而逐渐转化成说者的角色。若没能顺利发展出听者的语言能力或是受控于声音的行为反应，则会出现需要依赖他人协助各种生活适应的状态；或是出现个体对于他人的指令或提问，仅是复诵指令或重复他人的提问，而无法有适当做出回应指令的反应或对提问的回应。听者也是随机学习命名能力的基础，通过听他人的语言陈述，就可以不经教学即可自己学会各种物品的命名或复杂的命名概念等；在对话的过程个体也需要具备听者的能力，才能有一来一往的对话，此外，听者对后来的阅读理解及问题解决亦是相当重要的基础关键能力（Greer & Ross, 2008）。可见听者是许多复杂语言能力的基础。本教学项目中，将依序介绍与基础听者能力相关的课程 （Greer & Ross, 2008; Sundberg & Partington, 1998）。

一、单一听指令

？ 教学理由

听指令是个体能对声音刺激做出相对应的行为反应，是回应环境、与人互动的基础，是未来儿童学习听者命名的先备技能，也是未来进入融合学习环境的基本适应技能。日常生活中的指令常是多变的，从单一个指令到2—4个多重指令都可能发生，教学初期先以单一指令为教学目标，再进入遵循多重指令，多重指令可结合共享控制以增进学习效能。

（一）听指令

✎ 教学程序

1.技能描述：教学者说出单一指令时，学生能依指令做出相对应的反应。单一听指令建议先从与生活相关的肢体动作的指令为先（如，过来、站起来、坐下、举手、拍手等），再逐步加入包含名词的听指令课程（如：摸耳朵、摸头等）。

2.技能标准：学生能依指令做出反应，每次教学至少10次，连续2个教学时段达100%正确，跨不同教学者与情境。

3.泛化探测：要准备5组没有教过的指令，以探测在没有教学下，学生是否可以独立表现出正确的听指令反应。

4."听指令"教学单位：

动机操作	A	B	C
确认儿童的偏好物	情境：教学者与学生面对面坐着，当中不要有桌子。 教学指令："拍手"	做出拍手动作	获得泛化强化物

【前事安排与 S^D】

（1）确认学生的偏好物，以增加学生学习动机。

（2）教学情境要尽量宽敞，让学生能有足够的做出反应的空间。

（3）该指令需简洁有力，避免出现与指令无关的语言。

【教学提示】

（1）对于动作尚未建立概念的学生，初始学习阶段要以0秒提示方式提供全肢体协助，再逐步褪除提示。

（2）褪除提示的方式，建议采用从最多到最少褪除程序，可以是同一提示下的逐步褪除，或是跨不同提示的褪除程序，如：肢体到示范到口语。直到学生能独立做出听指令的反应并达预设标准。

（3）逐步褪除的过程也可以采用固定延宕提示的方式，让学习者有机会做出独立反应。

【后效】

（1）尽量选择学生高度偏好的刺激物，并确认有匮乏经验（至少2—3小时没有玩过或接触该物品）。

（2）当学生有做出给的反应时，教学者给予泛化制约增强并搭配社会增强："很好，你拍手了！"

（3）提示下的增强与独立完成行为时的增强强度要有差别，提示下较小的增强，独立表现要给大的增强。

5. 记录表，第一个表是每次教学时的记录表，第二个表单是累计听指令数量记录表。

▶听指令数据记录表1

教学项目：听从单一指令　　教学者：_____　　　　学习者：_____									
教学目标：学生能依指令做出反应，每次教学至少10次，连续2个教学时段达100%正确，跨不同教学者与情境									
日期	教学指令			反应				正确率	备注
1／9									
2／9									
3／9									
……									
符号记录：正确反应+，错误反应—，提示下反应P，提示后独立反应P+									

▶"听指令"数据记录表2

教学项目：听从单一指令　　教学者：_____　　　　学习者：_____							
教学目标：累计执行20个常见的单一指令，单个指令连续3天探测正确则累积一个数据点							
指令	1／9	2／9	3／9	4／9			
站起来							
坐下							
过来							
拍手							
……							
符号记录：探测正确记为+，探测错误记为—							

🔍 **教学信息箱**

1. 可善用生活中的例行事务，如出门前，要拿外套、穿鞋子、戴帽子等，成人可以使用该时机给指令后，即刻以肢体协助孩子完成该动作，并给予后效。让生活中经常发生的事物转换为听指令的教学活动。

2. 对于完全无指令概念的学生，要以0秒延宕+全肢体提示给予协助，全肢体协助建议不要超过3次，2次之后就要开始减少肢体提示的程度。

3. 听指令教学项目的选择应以学生生活中常会出现的行为反应为主，使教学能与生活建立关联。

4. 当"坐下"是教学目标时，要先让学生是站着的，再下"坐下"的指令。

5. "过来"是生活中常会使用的指令，此课程的教学要先让学生与教学者保持2—3步的距离，教学者手中可以握有学生喜欢的物品，当学生听到指令走向教学者时，先给社会增强，再给学生教学者手中的物品（后效增强）。刚开始教学时，建议要事先安排有提示者提供肢体协助，当教学者说出"过来"指令后，由提示者提供肢体协助，带着学生走向教学者。

6. 教学内容（肢体动作模仿）请参照下列的技能追踪表。单一模仿课程中也列有技能追踪表的内容，其中一些与肢体动作有关且与生活适应有关的，则可以先上模仿课程，待该动作模仿已经习得，再进行该动作的听指令课程。教学者可借由此追踪表持续检核学生在该目标技能的学习进展。

7. "听指令"教学检核表：

项目	检核	备注
教学材料与指令		
确认学生的注意力	□是 □否	
确认学生的强化物	□是 □否	
教学指令，简洁清楚，没有其他无关干扰语言	□是 □否	
教学指令先从肢体动作且与适应有关的指令开始	□是 □否	
提示方式		
提示方式：肢体或示范	□是 □否	
褪除提示方式：肢体逐步褪除、3秒固定延宕	□是 □否	
后效增强		
具体增强学生的正确反应	□是 □否	
社会增强与实物强化物配对	□是 □否	

▶单一听指令技能追踪表

编号	目标技能	探测		教学		泛化探测		泛化教学	
		日期	结果	开始日期	完成日期	日期	结果	开始日期	完成日期
1	站起来		Y Ⓝ	02-06-16	02-25-16		人　Y　N 地点　Y　N		
2	坐下		Ⓨ N	02-20-16	03-07-16				
3	过来		Ⓨ N	03-02-16	03-12-16				
4	拍手		Y N						
5	击掌		Y N						
6	举手		Y N						
7	跳一下		Y N						
8	挥手		Y N						
9	摇头		Y N						
10	点头		Y N						
11	拿外套		Y N						
12	拿碗		Y N						
13	穿鞋		Y N						
14	戴帽子		Y N						
15	穿衣服		Y N						

（二）遵循多重连续指令（共享控制）

教学程序

1.技能描述：教学者说出2—4个连续指令时，学生能依指令做出相对应的反应。多重指令建议可依据单一指令的项目选择，可先从与生活相关的肢体动作的连续指令开始（如，"站起来+举手+拍手"3个连续指令）。

2.技能标准：学生能遵循多重连续指令做出反应，每次教学至少10次，连续2个教学时段达90%正确，跨不同教学者与情境。

3.泛化探测：要准备5组没有教过的指令，以探测在没有教学下，学生是否可以独立表现出正确的听指令反应。

4."遵循多重连续指令"教学单位：

动机操作	A	B	C
确认儿童的偏好物	情境：教学者与学生面对面坐着，当中不要有桌子。 教学指令："拍手+举手"		
	指令后加上共享控制 先让学生复诵教学指令	做出拍手跟举手的动作	获得泛化强化物

【前事安排与 S^D】

（1）确认学生的偏好物、教学空间要宽敞足够学生做出反应。

（2）于此时加入共享控制元素，教学者给予连续指令后，先轻握学生的手暂缓其动作反应，带着学生复诵指令后，再松手让学生依其复诵的语言做出动作。

【教学提示】

（1）善加使用时间延宕策略，提示重点在协助学生建立共享控制的能力，换言之，让学生在听完教学者指令后立即独立复诵该连续指令。

（2）必要时可结合其他提示策略，但要尽快褪除该提示。

【后效】

（1）尽量选择学生高度偏好的刺激物，并确认有匮乏经验（至少2—3小时没有玩过或接触该物品）。

（2）当学生有做出给的反应时，教学者给予泛化制约增强并搭配社会增强："很好，你拍手和举手了！"

（3）提示下的增强与独立完成行为时的增强强度要有差别，提示下给较小的增强，独立表现要给更大的增强。

5."连续听指令"数据记录表：

教学项目：听从连续指令　教学者：_____　学习者：_____							
教学目标：累积执行20组常见的2个连续指令，指令连续2天探测正确则累积一个数据点							
指令	1 / 9	2 / 9	3 / 9	4 / 9			
站起来+拍手							
拍手+举手							
摇头+挥手							
……							
符号记录：探测正确记为+，探测错误记为—							

教学信息箱

1. 使用共享控制的重点是让学生听完多重的连续指令后，先复诵完整指令，再依序做出动作。若学生于连续指令的课程中，无法顺利做出独立复诵的技能，则要考虑从单一指令阶段训练共享控制技能。

2. 对于没有口语或低口语能力的学生，可考虑用手语方式代替口说复诵。

3. 连续听指令教学项目的选择应以学生生活中常会出现的行为反应为主，使教学能与生活建立关联。

二、物品配对

教学理由

研究指出配对与指认物品对后续随机命名能力的开展有其重要性。幼儿在短短的一两年间就能快速累积对大量物品的认识，也就是能大量命名物品，随机学习是重要关键，而命名的随机学习行为就被称为naming，随机命名是儿童于环境中随机听到他人对环境新对象的命名之后，自动化的将该声音刺激与对象产生链接的程序，类似于经由配对能力的展现而产生随机学习，是随机命名的重要基石。配对在认知发展中是一种视知觉能力，然而，配对的能力也反映出可以对相同与不同物品的区辨，能区辨之后，后续听者命名及说者命名的能力才能应运而生。

教学程序

（一）技能描述：教学者提供样本刺激物时，学生能从3种刺激物中找出正确的相同刺激物。配对建议先从与生活相关的物品为先（如，杯子、汤匙、积木、水果模型等），再逐步扩增为物品对图片（3D对2D），或图片对图片（2D对2D）。

（二）教学材料：先以学生熟悉的物品为主，每次教学的刺激物都需要准备相同的2个物品，让每个刺激物都可以是目标刺激物。

（三）技能标准：学生能依指令找出相同的物品，每次教学至少9次（3个刺激物各自有3次做为目标物的机会），连续2个教学时段达100%正确，跨不同教学者与情境。

（四）泛化探测：要准备5组没有教过的刺激物，以探测在没有教学情况下，学生是否可以独立表现出正确的配对反应。

（五）"配对"教学单位：

动机操作	A		B	C
确认儿童的偏好物	情境：教学者与学生面对面坐着，在学生面前放置3种不同物品。 教学指令：给学生3种物品中的一样物品时，同时说："找一样的。"		学生从3个刺激物找出与样本刺激物一样的物品	获得泛化强化物

【前事安排与 S^D】

1. 确认学生的偏好物以增加学生学习动机。

2. 该指令需简洁有力，避免出现与指令无关的语言。

3. 每次教学尝试后，就要变化目标刺激物，3个刺激物都有机会成为目标刺激物之后，再重新安排同样的3个刺激物随机作为目标刺激。

【教学提示】

1. 初始学习阶段要以0秒提示方式提供手势提示，再逐步褪除提示。

2. 逐步褪除的过程也可以采用固定延宕提示的方式，让学习者有机会做出独立反应。

【后效】

1. 尽量选择学生高度偏好的刺激物，并确认有匮乏经验（至少2—3小时没有玩过或接触该物品）。

2. 当学生有做出给的反应时，教学者给予泛化制约增强并搭配社会增强："很好，你找到了一样的汤匙！"

3. 提示下的增强与独立完成行为时的增强强度要有差别，提示下较小的增强，独立表现要给大的增强。

（六）"物品配对"数据记录表：

教学项目：物品配对　　教学者：_____　　学习者：_____							
教学指令：找一样的／一样的放一起							
技能标准：每次教学至少9次（3个刺激物各自有3次做为目标物的机会），连续2个教学时段达100%正确，跨不同教学者与情境。							
日期	教学材料	反应						正确率	备注
1／9								
2／9								
3／9								
……								
符号记录：正确反应+，错误反应－，提示下反应P，提示后独立反应P+							

🔍 **教学信息箱**

（一）物品配对教学项目的选择应以儿童生活中常会出现的物品为主，使教学与生活结合。

（二）物品配对的层次安排：

1. 实际物品（或物品模型）配对实际物品；

2. 实际物品（或物品模型）配对图片；

3. 图片配对实际物品（或物品模型）；

4. 图片配对图片。

（1）刺激泛化的安排，物品或图片要从完全一样到部分一样（相似），每样刺激物至少要准备5种相似物品或图片。

（2）反应泛化的安排，要准备未经教学的五组物品进行泛化探测，以确认配对能力已经产生。

（3）"物品配对"教学检核表：

项目	检核	备注
教学材料与指令		
确认学生的强化物与注意力	□是　□否	
每次准备3种教学刺激，每种刺激要有2个	□是　□否	
教学指令，简洁清楚，没有其他无关干扰语言	□是　□否	
提示方式		
提示方式：手势或示范	□是　□否	
褪除提示方式：提示后独立，或3秒固定延宕	□是　□否	
后效增强		
具体增强学生的正确反应	□是　□否	
社会增强与实物强化物配对	□是　□否	

三、颜色 / 形状配对

❓ 教学理由

　　颜色与形状配对是视知觉能力的表征之一。其中，色觉力的产出让儿童对环境的对象产生颜色的辨识力，而颜色配对正是儿童是否产出色觉力的指标之一。对形状的辨别是儿童对环境中的物品的外观轮廓开展其区辨力，经由形状配对可了解幼儿是否已经具备形状辨识的能力。

📝 教学程序

　　（一）技能描述：教学者提供样本刺激物时，学生能从3种刺激物中找出正确的相同刺激物。

　　（二）教学材料：先以单纯的颜色或形状为主，每次教学的刺激物都需要有2组相同的刺激材料，让每个刺激物都可以是目标刺激物。

　　（三）技能标准：学生能依指令找出相同的颜色或形状，每次教学至少9次（3个刺激物各自有3次做为目标物的机会），连续2个教学时段达100%正确，跨不同教学者与情境。

　　（四）泛化探测：要准备5组没有教过的刺激物，以探测在没有教学下，学生是否可以独立表现出正确的配对反应。

（五）"颜色／形状配对"教学单位：（以颜色配对为例）

动机操作	A	B	C
确认儿童的偏好物	情境：教学者与学生面对面坐着，在学生面前放置3种不同的颜色卡。 教学指令：给学生一张色卡，与3种颜色中的某种一样，同时说"找一样的"	学生从3个刺激物找出与样本刺激物一样的颜色	获得泛化强化物

【前事安排与 S^D】

1. 确认学生的偏好物以增加学生学习动机。

2. 该指令需简洁有力，避免出现与指令无关的语言。

3. 每次教学尝试后，就要变化目标刺激物，3个刺激物都成为目标刺激物之后，再安排同样的3个刺激物随机作为目标刺激。

【教学提示】

1. 初始学习阶段要以0秒提示方式提供手势提示，再逐步褪除提示。

2. 逐步褪除的过程也可以采用固定延宕提示的方式，让学习者有机会做出独立反应。

【后效】

1. 尽量选择学生高度偏好的刺激物，并确认有匮乏经验（至少2—3小时没有玩过或接触该物品）。

2. 当学生做出给的反应时，教学者给予泛化制约增强并搭配社会增强："很好，你有找到一样的○色喔！"

3. 提示下的增强与独立完成行为时的增强强度要有差别，提示下较小的增强，独立表现要给大的增强。

（六）"颜色／形状配对"数据记录表：

教学项目： 颜色／形状配对　教学者：　　　　　学习者：									
教学指令：找一样颜色／形状的									
技能标准：每次教学至少9次（3个刺激物各自有3次作为目标物的机会），连续2个教学时段达100%正确，跨不同教学者与情境。									
日期	教学材料	反应								正确率	备注
1／9									
2／9									
3／9									
4／9									
5／9									
6／9									
7／9									
8／9									
9／9									
符号记录：正确反应+，错误反应—，提示下反应P，提示后独立反应P+									

🔍 **教学信息箱**

（一）物品配对教学项目的选择应以儿童生活中常会出现的物品为主，使教学与生活结合。

（二）颜色／形状配对的层次安排：

1.单纯颜色／形状配对单纯颜色／形状。

2.加入物品的颜色／形状配对。

（三）刺激泛化的安排，单纯颜色图片的准备要从完全一样到颜色不同深浅，形状也要从一样的大小到不同大小，每样刺激物至少要准备5种相似图片。

（四）反应泛化的安排，可以加入物品的颜色进行泛化探测，以确认配对能力已经产生。如果没有通过，则进行教学。

（五）"颜色配对"教学检核表：

项目	检核	备注
教学材料与指令		
确认学生的强化物与注意力	□是　□否	
每次准备3种教学刺激，每种刺激要有2个	□是　□否	
教学指令，简洁清楚，没有其他无关干扰语言	□是　□否	
提示方式		
提示方式：手势或示范	□是　□否	
褪除提示方式：提示后独立，或3秒固定延宕	□是　□否	
后效增强		
具体增强学生的正确反应	□是　□否	
社会增强与实物强化物配对	□是　□否	

四、基础听者命名

❓ 教学理由

　　研究指出配对能力与指认物品对后续随机命名能力的开展有其重要性，手指是发展听者命名的指标之一，社会情绪中手指的课程是表达需求的一项技能，通过手指，儿童可以表达他的需求，而延伸的能力就是分享式注意力的原始宣告指示，以及听者命名的能力。儿童能依指令指出或给教学者一个对象，则是儿童回应环境的能力，孤独症谱系障碍儿童常受限于刻板或高度选择的临床症状，对环境刺激物会有视而不见、听而不闻的情形，听者命名能力，特别是指认能力的发展，可以让儿童对环境的多样刺激产生兴趣，减少固着刻板而增进其弹性。

（一）单一目标听者命名

📝 教学程序

　　1.整体学习目标：能在环境中指认环境中刺激物的名称，含名词、动词、事件、形容词等。

　　2.习得技能描述：教学者说出一种刺激物的名称时，学生能从3—8种刺激物中找出正确的刺激物。

　　3.教学材料：教学材料建议先从与生活相关的物品开始（如，杯子、汤匙、积木、水果模型等）。

4.技能标准：学生能依指令指出一刺激物，每次教学至少10次，连续2个教学时段达100%正确，跨不同教学者与情境。

5.泛化探测：要随机安排不同类型的泛化刺激物，以探测在没有教学下，学生是否可以独立表现出正确的指认刺激物的反应。

6."听者命名—指认"教学单位：（以听者物品命名为例）

动机操作	A	B	C
确认儿童的偏好物	情境：教学者与学生面对面坐着，在学生面前放置3—8种不同的物品或图卡。 教学指令："指出○○○。""哪一个是○○○，指出来。"	学生能指出正确的刺激物	获得泛化强化物

【前事安排与 S^D】

（1）确认学生的偏好物以增加学生学习动机。

（2）该指令需简洁有力，避免出现与指令无关的语言。

（3）教学刺激物的安排，可从具体的物品到图卡，呈现刺激物的数量则从3种刺激物到8种刺激物，每种刺激物要准备5种以上泛化刺激物。

（4）教学指令的泛化可以从"给我""指出"再进入到"找出来"。

【教学提示】

（1）初始学习阶段要以0秒延宕进行肢体或示范提示，再逐步褪除提示。

（2）逐步褪除的过程也可以采用固定延宕提示的方式，让学习者有机会做出独立反应。

【后效】

（1）尽量选择学生高度偏好的刺激物，并确认有匮乏经验（至少2—3小时没有玩过或接触该物品）。

（2）当学生有做出给的反应时，教学者给予泛化制约增强并搭配社会增强："很好，你指出了○○○！"

（3）提示下的增强与独立完成行为时的增强强度要有差别，提示下的增强较小，独立表现要给大的增强。

7. "基础听者命名"数据记录表：

教学项目：基础听者命名　　　教学者：＿＿＿＿＿＿　　　学习者：＿＿＿＿＿＿										
教学指令：给我／指出／找出… 技能标准：能依指令指出一刺激物，每次教学至少10次，连续2个教学时段达100%正确，跨不同教学者与情境。										
日期	目标刺激	反应							正确率	备注
1／9										
2／9										
3／9										
符号记录：正确反应+，错误反应—，提示下反应P，提示后独立反应P+										

🔍 **教学信息箱**

1. 建议先从名词（物品名称）开始教导，教学项目的选择应以儿童生活中常会出现的物品为主，使教学与生活相结合。

2. 教学刺激物的层次安排：

（1）物品名称（生活中的常见物品，可依类别进行教学、如日常生活用品、用餐用品、盥洗用品、零食及蔬果等食物名称、交通工具等）；

（2）地点名称，可以从较大的地点词着手，如学校、公园、车站等；

（3）动词；

（4）人物；

（5）形容词。

3. 呈现刺激物的数量，如果要从聚焦阶段进行教学，建议从2个刺激物的呈现开始，教图卡辨识，必要时可以搭配空白图卡作为干扰刺激。

4. 刺激泛化时，对各样刺激物（包含实际物品或图片）的准备，建议每样刺激物至少要准备5种相似的刺激物。

5. 反应泛化的安排，可对从未教过的泛化刺激物进行探测，以确认指认能力已经产生。

6.“听者命名”教学检核表（以听者命名物品为例）：

项目	检核	备注
教学材料与指令		
确认学生的强化物与注意力	□是　□否	
每次准备的目标刺激物，至少要有5种类似的刺激物	□是　□否	
教学指令，简洁清楚，没有其他无关干扰语言	□是　□否	
提示方式		
提示方式：肢体或示范	□是　□否	
褪除提示方式：提示后独立，或3秒固定延宕	□是　□否	
后效增强		
具体增强学生的正确反应	□是　□否	
社会增强与实物强化物配对	□是　□否	

（二）多目标听者命名（共享控制）

📝 教学程序

1. 整体学习目标：能在环境中指认环境中多样化刺激物的名称，含名词、动词、事件、形容词等。

2. 习得技能描述：教学者说出2—4种刺激物的名称时，学生能从10—20种刺激物中找出正确的刺激物。

3. 教学材料：教学材料是前一项单一目标听者命名已经精熟的刺激物。

4. 技能标准：学生能依指令依序找出2—4项刺激物，每次教学至少10次，连续2个教学时段达90%正确，跨不同教学者与情境。

5. 泛化探测：随机探测5组，以通过的目标为主，但须安排在教学情境中出现的刺激物，以探测在没有教学下，学生是否可以独立表现出正确的指认刺激物的反应。

6.“听者命名—指认”教学单位：（以听者物品命名为例）

动机操作	A	B	C
确认儿童的偏好物	情境：教学者与学生面对面坐着，在学生面前放置10—20种不同的物品或图卡。 教学指令："找出XXX+OOO+NNN。"（变化指令：给我…？哪些是…？）		
	指令后加上共享控制 先让学生复诵教学指令	学生依序找出正确的刺激物	获得泛化强化物

【前事安排与 S^D】

（1）确认学生的偏好物以增加学生学习动机。

（2）于此时加入共享控制元素，教学者给予指令后，立即轻握学生的手暂缓其动作反应，带着学生复诵指令后，再松手让学生依其复诵的语言依序选择正确的刺激物。

【教学提示】

（1）善加使用时间延宕策略，此课程中提示重点在协助学生建立共享控制的能力，换言之，让学生在听完教学者指令后立即自行独立复诵连续的教学目标物。

（2）若搭配其他提示策略，要尽快褪除该提示。

【后效】

（1）尽量选择学生高度偏好的刺激物，并确认有匮乏经验（至少2—3小时没有玩过或接触该物品）。

（2）当学生有做出给的反应时，教学者给予泛化制约增强并搭配社会增强："很好，你有指出OOO喔!"

（3）提示下的增强与独立完成行为时的增强强度要有差别，提示下较小的增强，独立表现要给更大的增强。

五、听者复杂命名（RFFC）

？ 教学理由

个体对环境事物的认识，首重物品的功能及特征的辨识；而环境中的刺激物是相当庞杂的，如何将其分门别类，则是概念形成的重要过程，听者复杂命名（RFFC）的内涵主要是指个体能以物品功能、特征及类别命名（Sundberg & Partington, 1998）。RFFC的教学目标就是建立个体对环境事物的意义与概念，部分孤独症儿童无法从发展过程中逐渐产生对物品的功能概念或自行分门别类，则需要以教学弥补其不足，以下列出部分听者复杂命名（RFFC）相关的教学参考项目。

（一）依物品的功能指出物品

例：呈现至少3种物品，当教学者提问："哪一个是用来喝水的?"学生能指出杯子。物品的功能如：用来吃饭的（碗），用来喝汤的（汤匙）、用来扫地的（扫把）、用来洗脸的（毛巾）等。

（二）依物品的特征指出物品

例：呈现至少3种物品，当教学者说："指出能装水、有手把的是什么东西?"学生能指出杯子。

（三）依物品的种类指出物品

例：当教学者说："指出属于生活用品的物品是什么?"学生能指出杯子。

上述的物品可以替换成地点、人物或动作等，教学形式可以照葫芦画瓢。

📝 教学程序

（一）整体学习目标：能在环境中依环境中刺激物的功能、特征或种类指出该刺激物，刺激物可以是物品、地点、人物或动作等。

（二）习得技能描述：教学者说出一种刺激物的功能、特征或种类时，学生能从12种刺激物中找出正确的刺激物。

（三）教学材料：教学材料建议先从与生活相关的物品开始（如，杯子、汤匙、积木、水果模型等），可以参照听者命名的材料，或同时教学。

（四）技能标准：学生能依指令指出一刺激物，每次至少有2—5个教学目标，至少教学10次，连续2个教学时段达100%正确，跨不同教学者与情境。

（五）泛化探测：要准备5组没有教过的刺激物，以探测在没有教学下，学生是否可以独立表现出正确的指认刺激物的反应。

（六）"听者复杂命名"教学单位：

1. 依功能指认物品

动机操作	A	B	C
确认儿童的偏好物	情境：教学者与学生面对面坐着，在学生面前放置3—8种不同的物品或图卡。 教学指令："哪一个是用来○○的?"	学生能指出正确的刺激物	获得泛化强化物
	教学者呈现3个物品（碗、杯子、筷子），并询问"哪一个是用来喝水的?"	学生指出杯子	获得泛化强化物

2. 依特征指认物品

动机操作	A	B	C
确认儿童的偏好物	情境：教学者与学生面对面坐着，在学生面前放置3—–8种不同的物品或图卡。 教学指令："有○○的是哪一个?"	学生能指出正确的刺激物	获得泛化强化物
	教学者呈现3个物品（碗、杯子、筷子），并询问"哪一个是可装水有手把的?"	学生指出杯子	获得泛化强化物

3. 依类别指认物品

动机操作	A	B	C
确认儿童的偏好物	情境：教学者与学生面对面坐着，在学生面前放置3—8种不同的物品或图卡。 教学指令："哪一个属于○○类的?"	学生能指出正确的刺激物	获得泛化强化物
	教学者呈现3个物品（碗、积木、水果模型），并询问："哪一个是玩具类?"	学生指出积木	获得泛化强化物

【前事安排与 S^D】

（1）确认学生的偏好物，以增加学生学习动机。

（2）该指令需简洁有力，避免出现与指令无关的语言。

（3）教学刺激物的安排，可从具体的物品到图卡，呈现刺激物的数量则从3种刺激物到8种刺激物，每种刺激物要准备5种以上泛化刺激物。

（4）教学指令的泛化可以从"给我""指出"再到"找出来"，功能、特征或类别的陈述也要试着有些变化。

【教学提示】

（1）初始学习阶段要以0秒延宕进行肢体或示范提示，再逐步褪除提示。

（2）逐步褪除的过程也可以采用固定延宕提示的方式，让学习者有机会做出独立反应。

【后效】

（1）尽量选择学生高度偏好的刺激物，并确认有匮乏经验（至少2~3小时没有玩过或接触该物品）。

（2）当学生有做出给的反应时，教学者给予泛化制约增强并搭配社会增强："很棒，你指出了○○○！"或给予描述性的反馈，在强调一次物品的功能、特征或类别。

（3）提示下的增强与独立完成行为时的增强强度要有差别，提示下的增强较小，独立表现要给更大的增强。

（七）"依物品的功能指认物品"数据记录表：

教学项目：<u>依据功能指认物品</u> 教学者：_____ 学习者：_____										
教学指令：给我／指出／找出…… 技能标准：能依指令指出一刺激物，每次至少有2—5个教学目标，至少教学10次，连续2个教学时段达100%正确，跨不同教学者与情境。										
日期	目标刺激	反应								正确率	备注
1／9										
2／9										
3／9										
……										
符号记录：正确反应+，错误反应—，提示下反应P，提示后独立反应P+										

🔍 教学信息箱

（一）建议先从学生熟悉的名词（物品名称）开始教导，尤其是物品功能的教学材料，应以儿童生活中常会出现的物品为主，使教学与生活相结合。

（二）呈现刺激物的数量，如果要从聚焦阶段进行教学，建议从2个刺激物的呈现开始，教图卡辨识时，可以搭配空白图卡作为干扰刺激。

（三）刺激泛化的安排，各种刺激物（包含实际物品或图片）的准备，建议每样刺激物至少要准备5种相似刺激物。

（四）反应泛化的安排，可对从未教过的刺激物进行探测，以确认指认能力已经产生。

"听者复杂命名"教学检核表：

项目	检核	备注
教学材料与指令		
确认学生的强化物与注意力	□是 □否	
每次准备的目标刺激物，至少要有5种类似的刺激物	□是 □否	
教学指令，简洁清楚，没有其他无关干扰语言	□是 □否	
提示方式		
提示方式：肢体或示范	□是 □否	
褪除提示方式：提示后独立，或3秒固定延宕	□是 □否	
后效增强		
具体增强学生的正确反应	□是 □否	
社会增强与实物强化物配对	□是 □否	

第三节　基础操作语言——说者相关课程的教学设计

Skinner（1957）首先以功能与控制的取向界定语言，而发展出另6种基础（初级）语言操作，其中提要求、复诵、命名及交互式语言对儿童语言的发展影响尤其深远，本大项则依序说明这4种语言操作的教学程序，让有困难发展语言者，能有具体可行的教学依循。其中提要求是个体表达内在需求的基本能力，让个体可以使用适当的口语方式取得想要的物品，而命名则是与大环境接触，让个体对环境具有控制力；互动式语言则是与人互动的具体展现，以下将依序说明教学程序。

一、提要求

❓ 教学理由

许多未发展出适当表达提要求的儿童，当她／他未获得其想要的刺激物时，可能会以不适当的方式取得，或是想要休息或逃脱环境刺激物而以负向行为表示，因而产生所谓的行为问题。然而从行为功能的观点，每种行为都是经由学习历史而产生，且对个体而言是具有功能的，实证研究也发现许多问题行为的功能就是要获取他想要的或逃避某刺激物。对于没能以适当的方式表达其需求的儿童，可以通过系统化的方式学习适当的表达方式。Skinner在其书中亦将提要求分为正强化及负强化两种形式，以下课程将分别说明。

（一）提要求获取正强化物

📝 教学程序

1.技能描述：没有刺激物在学习者的视线范围内，学习者能以口说方式跟听者表达他想要的刺激物。

2.教学材料：教学材料要准备至少10种学生偏好的刺激物，可以是食物、玩具，或其他物品。

3.技能标准：学生在没有看到刺激物的情形下，能依其需求做出口语提要求行为，至少独立以口说方式表达10种物品，跨不同教学者与情境。

4. "提要求"教学单位：

阶段	动机操作	A	B	C
一	确认儿童最想要的刺激物	情境：清空桌面，只呈现一个高偏好物	说出刺激物的名称	获得口说的偏好刺激物
		儿童出现伸手想要该刺激物时，提供复诵提示		
二	确认儿童最想要的刺激物	情境：清空桌面，只呈现一个高偏好物	说出刺激物的名称	获得口说的偏好刺激物
		采用固定5秒延宕提示，未出现口语时，再给复诵提示		
三	确认儿童最想要的刺激物	只有听者	说出刺激物的名称	获得口说的偏好刺激物
		刚开始先让说者看到其高偏好刺激物，看到后立刻移开		

【前事安排与 S^D】

（1）确认学生的高偏好刺激物以增加学生表达的动机。

（2）阶段一、二皆有呈现刺激物，阶段三要移开刺激物，让该刺激物不在说者的视线范围内。

【教学提示】

（1）阶段一使用复诵提示，从全口语复诵提示，逐渐减少提示的程度，直到学生能独立说出该次刺激物并达标准。

（2）阶段二教学者是以5秒延宕提示，等待5秒钟，如果说者没有主动说出刺激物的名称，再提供少量的复诵提示。

【后效】

（1）要以强化物选样方式确认学生当下高偏好的刺激物。

（2）当学生有说出刺激物的名称时，教学者立即给予该刺激物。

（3）提示下的增强与独立完成行为时的增强强度要有差别，提示下的增强较小，独立表现要给更大的增强。

5.提要求数据记录表：

教学项目：提要求　　教学者：＿＿＿＿＿＿＿　　学习者：＿＿＿＿＿＿＿				
教学目标：学生在没有看到刺激物的情形下，能依其需求做出口语要求，至少独立以口说方式表达10种物品，跨不同教学者与情境。				
提要求时间点	提要求情境	提要求对象	提要求内容	独立提要求累积量
3月1日14:00	个训课	花花老师	海苔（P）	
3月1日14:05	个训课	花花老师	海苔（+）	
……				
符号记录：正确反应+，错误反应—，提示下反应P				

🔍 教学信息箱

1.本课程的提示策略为复诵，教学者必须要先确认学习者具备复诵的能力，才会进行复诵带要求的课程。

2.教学情境的桌面要净空，只放置学习者偏好的刺激物，避免无关刺激干扰学生的学习。

3.如果发现说者对所呈现的高偏好刺激已经饱足，则要再执行强化物选样，以确认当下想要的刺激物。

4.阶段一给提示的时机，是当说者出现要拿取物品时，要先确认该刺激物还是在听者的手中，握住该刺激物同时给复诵提示。

5.刚开始说者如果只能复诵单音，还是给予其偏好物。可以搭配塑造的方式让说者能完整表达。

6.每个教学时段至少要有2个不同的教学者，务必要确认教学者的教学程序是一致的。

7.生活中随时创造教学的机会，特别是泛化到家庭或学校情境。建议在教学时段，让家长参与泛化课程，使家长能学习此教学程序，并能正确执行日常生活中的随机教学。

8. 对于没有复诵能力的儿童，可以采用图片交换沟通系统、扩大式沟通辅具或手语方式教学。要采用手语教学，需先确认听者具备模仿的能力。

9. "提要求"教学检核表：

项目	检核	备注
教学材料与指令		
阶段一、二：教学环境只有听者（教学者）和学生的高偏好物	□是　□否	
阶段三：教学环境只有听者（教学者）	□是　□否	
提示方式		
阶段一提示方式：复诵提示	□是　□否	
阶段二提示方式：5秒固定延宕	□是　□否	
后效增强		
给予说者其所说出的刺激物（说者想要的物品）	□是　□否	

（二）提要求获取负强化物——移除负向刺激物

教学程序

1. 技能描述：前事环境对学生是嫌恶时，学习者能以口说、图卡或手语方式跟听者表达他的需求。

2. 教学材料：教学材料要准备至少10种学生不喜欢或嫌恶的刺激物，可以是食物、实物或语言要求。

3. 技能标准：出现刺激物的情形下，学生能依其需求以口语、图卡或手语形式提出要求，跨10种不同环境刺激，以及跨不同教学者与情境。

4. "提要求移除负向刺激"教学单位：

安排情境	动机操作	A	B	C
一	确认儿童最不想要的刺激物	情境：清空桌面，只呈现一个低偏好物或嫌恶刺激物	说出"我不要"	移除该刺激物
		儿童出现伸手推开刺激物时，提供复诵提示		
二	确认儿童不偏好的课程或活动	情境：呈现儿童困难的任务，提供三阶段提示	说出"我要休息"	移除任务，给予休息
		儿童出现伸手推开刺激物时，提供复诵提示		
三	儿童玩游戏时，制造阻挡	情境：儿童进行喜欢的活动，教学者制造阻挡的情境（如开小汽车时被挡住了）	说"借过"	移除阻挡物
		儿童出现伸手推开刺激物时，提供复诵提示		

【前事安排与 S^D】

（1）确认学生的低偏好刺激物或困难任务。

（2）情境安排是提供儿童低偏好刺激物或困难任务，营造表达移除嫌恶刺激的动机。

【教学提示】

当儿童出现推开刺激物的表现时，教学者要即刻给予复诵提示，儿童跟着说出后立即移除刺激。

【后效】

移除刺激物是最大的强化物，也可以搭配社会赞许，强调是用说的方式表达需求。

🔍 **教学信息箱**

1. 本课程的提示策略为复诵，教学者必须要先确认学习者具备复诵的能力，才会进行复诵带要求的课程。

2. 课前须先确认儿童的低偏好物或困难任务列表，以利于动机操作的安排。

3. 对于没有复诵能力的儿童，可以采用图片交换、扩大式沟通辅具或手语方式作为替代沟通的形式。若要采用手语，需先确认儿童具备模仿的能力。

4. 儿童若表达要休息，给予短暂休息，休息时间最好不要超过30秒，可搭配视觉定时器，紧接着要安排儿童偏好的活动，让他重新回到学习模式，避免此课程成为逃避学习的借口。

5. 生活中随时营造教学的机会，特别是泛化到家庭或学校情境。建议在教学时段，让家长参与泛化课程，使家长能学习此教学程序，并能正确执行日常生活中的随机教学。

二、复诵

❓ **教学理由**

复诵的语言操作是让语言反应受控于语言刺激，并获得泛化制约的后效增强。复诵能力是教导提要求的基础核心，例如，复诵带要求正是以复诵作为提示，以引发个体表达想要的物品的方式（详细课程请参阅3.1提要求的课程）。复诵也是教导其命名或认知课程的基础，通常是以复诵作为口语提示。例如，若儿童有复诵的能力，可以通过复诵带命名的形式进行命名训练。可见复诵是口说形式语言学习的基础，是说者必须要建立的初级语言操作能力。

📝 **教学程序**

（一）技能描述：学习者听到声音刺激时，能说出该声音刺激，达100%正确。

（二）教学材料：教学材料包含语音采集表，可以采用结构化的方式进行拼音学习。按照汉语拼音方案所列出的，分为声母23个、韵母24个（单韵母6个、复韵母18个）及韵母中的3个介母。教学要从单音开始，接着进入声母与韵母的组合发音，再到加入介母的组合发音。

（三）技能标准：当学生听到未经训练的声音刺激时，能发出一样的声音，跨不同教学者及地点。

（四）"复诵"教学单位：

动机操作	A		B	C
确认儿童的偏好刺激物	情境：清空桌面，只有代币板引发注意后，在儿童注意下，教学者呈现声音刺激		复诵该声音刺激	获得泛化制约增强

【前事安排与 S^D】

1.确认学生的高偏好物以增加学生的学习动机。

2.需确认儿童有看着教学者，再发出声音刺激。

【教学提示】

1.使用塑造的方式，先增强其尝试发出的音，再以区别增强的方式逐步增强接近目标的声音。

2.教学者的语音提示必须清晰，示范发音时间持续至少2秒。

【后效】

1.对于口语发音很少量的儿童，刚开始只要他愿意尝试，就给增强。

2.如果是提供原级强化物，要切记每次发音后所给的强化物必须是不同的，以免学习者会与提要求的课程混淆。

3.采用塑音的技术，即依照行为塑造的法则进行区别增强策略，增强较为接近目标物的声音，削弱之前的音。

（五）"复诵"数据记录表：

教学项目：复诵　　教学时间：_____　　教学者：_____　　学习者：_____								
教学目标：当学生听到未经训练的声音刺激时，能发出一样的声音，跨不同教学者及地点。								
探测音	精熟音	目标音	目标音发音情况					
牛奶　Y N	爸爸	打开	dada					
天空　Y N	妈妈							
兔子　Y N	爷爷							
电脑　Y N	奶奶							
苹果　Y N	悠悠							

🔍 **教学信息箱**

（一）教学情境的桌面要净空，只放置代币及记录纸，避免无关刺激干扰学生的学习。

（二）尚未有复诵能力的学习者，可以先从学习者已经会的音开始，学习者出现复诵时，立即增强。

（三）进行教学时，从儿童的语音采集表中，选出较为接近目标音的单音开始教学，可以搭配儿童已经会发的音，作为交错教学，尽量选择差异较大的音作为交错的教学刺激，让学生于开始学习时较容易辨认。

（四）每次教学的目标音可以从1—3个不等，应视学生的能力而定。

（五）每个教学时段如果要安排不同的教学者，务必要确认不同教学者的教学程序是一致的。

（六）泛化探测未经训练的音，每天教学前都要探测5个音。如果通过，则持续试探其他未教过的音，要确认所有的音都可以跟着机学者发出正确的音。

（七）学习者若能发出音，但是不完全是定点对应且形式完全一样，这些不完全正确的音还是要纳入教学。

（八）生活中随时营造教学的机会，特别是泛化到家庭或学校情境。让家长可以参与泛化课程，能正确执行日常生活中的随机教学。

（九）对于声音没有特殊反应的儿童，可以先从制约声音为强化物的课程开始教起。

（十）对于发音很少变化的儿童，要从日常生活中执行配对程序，对他尝试发出不同的音的行为给予立即增强，让他喜欢发出不同类型的音。

（十一）"复诵"教学检核表：

项目	检核	备注
教学材料与指令		
确认学生的偏好物	□是 □否	
要确认儿童有注意教学者时，教学者再给予声音刺激	□是 □否	
提示方式		
采用行为塑造的法则增强逐渐接近目标的程序	□是 □否	
教学者语音提示要清晰，且每个音持续时间至少2秒	□是 □否	
后效增强		
给予泛化制约增强，搭配社会增强	□是 □否	

三、说者命名基础课程

❓ 教学理由

儿童能具备命名的能力，除了表示与环境有所接触，也展现儿童开始有能力控制环境，孤独症谱系障碍儿童常受限于刻板或高度选择的临床症状，对环境刺激物会有视而不见、听而不闻的情形，说者命名能力的发展可以让儿童对环境的多样刺激产生兴趣，减少固着刻板而增进其弹性外并能增进其控制环境的能力。

📝 教学程序

（一）整体学习目标：能在环境中说出环境中刺激物的名称，含名词、动词、事件、形容词等。

（二）习得技能描述：教学者呈现一系列刺激物时，学生能正确命名至少100种刺激物。

（三）教学材料：教学材料建议先从与生活相关的物品开始（如，杯子、汤匙、积木、水果模型等）。

（四）技能标准：学生能依刺激物说出该名称，每次教学至少10次，连续2个教学时段达100%正确，跨不同教学者与情境。

（五）泛化探测：在没有正式教学的情形下，学生能以随机学习的方式，自己学会命名物品的能力。

（六）"说者命名"教学单位：（以命名物品为例）

动机操作	A	B	C
确认儿童的偏好物	情境：教学者与学生面对面坐着，在学生面前放置不同的物品或图卡。 教学指令：指着一样物品或图片"这是什么？""这名字叫什么？"	学生能说出刺激物正确的名称	获得泛化强化物

【前事安排与 S^D】

1.确认学生的偏好物以增加学生学习动机。

2.指令需简洁有力，避免出现与指令无关的语言。

3. 教学刺激物的安排，可从具体的物品再到图卡。

【教学提示】

1. 初始学习阶段要以0秒延宕进行复诵提示，再逐步褪除提示。

2. 逐步褪除的过程也可以采用固定延宕提示的方式，让学习者有机会做出独立反应。

（七）"说者命名"数据记录表1

教学项目：说者命名　教学者：＿＿＿＿学习者：＿＿＿														
教学目标：教学者呈现一系列刺激物时，学生能正确命名至少100种刺激物，连续3天探测正确则累积一个数据点。														
刺激物	1／9	2／9	3／9	4／9										
毛巾														
饼干														
拖鞋														
床														
……														
符号记录：探测正确记为＋，探测错误记为—														

（八）"说者命名"数据记录表2

教学项目：说者命名　教学者：＿＿＿＿　学习者：＿＿＿					
教学目标：能依刺激物说出该名称，每次教学至少10次，连续2个教学时段达100％正确，跨不同教学者与情境。					
日期	刺激物	反应		正确率	备注
1／9					
2／9					
3／9					
……					
符号记录：正确反应＋，错误反应—，提示下反应P，提示后独立反应P+					

【后效】

1. 尽量选择学生高度偏好的刺激物，并确认有匮乏经验（至少2—3小时没有玩过或接触该物品）。

2. 当学生有做出给的反应时，教学者给予泛化制约增强并搭配社会增强：

"太棒了，这是〇〇〇！"

3. 提示下的增强与独立完成行为时的增强强度要有差别，提示下较小的增强，独立表现要给大的增强。

🔍 教学信息箱

（一）建议先从名词（物品名称）开始教导，教学项目的选择应以儿童生活中常会出现的物品为主，使教学与生活结合。

（二）教学刺激物的层次安排：

1. 物品名称（生活中的常见物品，可依类别进行教学、如日常生活用品、用餐用品、盥洗用品、零食及蔬果食物名称、交通工具等）；

2. 地点名称；

3. 动词；

4. 人物；

5. 形容词。

（三）刺激泛化的安排，各种刺激物（包含实际物品或图片）的准备，建议每样刺激物至少要准备5种相似刺激物。

（四）反应泛化的安排，可从未教过的刺激物进行探测，以确认指认能力已经产生。

（五）"说者命名"教学检核表（以命名物品为例）：

项目	检核	备注
教学材料与指令		
确认学生的强化物与注意力	□是　□否	
每次准备的目标刺激物，至少要有5种类似的刺激物	□是　□否	
教学指令，简洁清楚，没有其他无关干扰语言	□是　□否	
提示方式		
提示方式：复诵提示	□是　□否	
褪除提示方式：提示后独立，或3秒固定延宕	□是　□否	
后效增强		
具体增强学生的正确反应	□是　□否	
社会增强与实物强化物配对	□是　□否	

四、交互式语言——接续他人语言

❓ 教学理由

Skinner（1957）对交互式语言的特性口语刺激受控于口语刺激，没有呈现定点对应的关联性，而学习的过程是通过自由联想、连锁，以及环境中的正增强作用产生。依 B. F. Skinner（1957）的看法，交互式语言又分为下列几种形态：接续他人的语言、简单回应他人的提问，以及一来一往的口语对谈。其中接续他人语言又分为接续动物叫声、接续儿歌打油诗等，以及接续他人未完成之命名。以下课程将依序说明接续他人语言之教学程序。

📝 教学程序

（一）学习目标：学习者能针对前事的未完成口语刺激，接续完成，并获得环境的正增强。

（二）习得技能描述：教学者呈现一首未完成的儿歌或一个口语刺激时，学生能接续完成未完成的语言。

（三）教学材料：教学材料可以是学生熟悉的儿歌或是安排情境让学生可以接续完成教学者未完成的语言。

（四）技能标准：学生能依前事刺激接续说出未完成的语言，每次教学至少10次，连续2个教学时段达100%正确，跨不同教学者与情境。

（五）泛化探测：

1. 在提供没有教学过的儿歌范例时，学生能接续未完成的儿歌，达100%正确，至少通过3首儿歌的探测。

2. 在提供没有教学过的动物叫声范例时，学生能接续未完成的动物叫声，达100%正确，至少通过3种动物的叫声的探测。

3. 在提供没有教学过的未完成命名范例时，学生能接续未完成的命名，达100%正确，至少通过3个不同语句的探测。

（六）"交互式语言—接续他人语言"教学单位：

1. 接续儿歌 （要先教会学生哼唱儿歌）

教学阶段	动机操作	A	B	C
阶段一	播放儿童喜欢的音乐	情境：教学者与学生面对面坐着。教学者："一闪一闪亮晶……?"	学生接续唱出"晶"	获得泛化强化物
		带着儿童一起哼唱，最后一个字教学者不唱，让儿童自己唱		
阶段二	播放儿童喜欢的音乐	情境：教学者与学生面对面坐着。教学者："一闪一闪亮……?"	学生接续唱出"晶晶"	获得泛化强化物
		带着儿童一起哼唱，最后两个字教学者不唱，让儿童自己唱		
阶段三	播放儿童喜欢的音乐	情境：教学者与学生面对面坐着。教学者："一闪一闪……?"（提示策略同上）	学生接续唱出"亮晶晶"	获得泛化强化物

【前事安排与 S^D】

（1）可以先和学生一起唱整首歌，之后再重复唱一次时，就可以先探测阶段一的程序。

（2）儿歌的选择，以儿童感兴趣的为主，但如果学生固着只想要自己唱，则选择偏中性的儿歌作为教学材料。

【教学提示】

（1）阶段一的初始学习阶段，教学者最后一个字不唱，先让儿童跟着音乐哼完，之后则没有播放音乐，教学者采用3秒延宕提示策略，教学者唱到最后一个字时要暂停3秒，让学生接续完成，再逐步增加未完成的字数。

（2）如果儿童有出现自动接续的行为，则可以不需要依据上述的教学阶段。

【后效】

（1）当学生有做出接续的反应时，教学者给予泛化制约增强并搭配社会增强："太棒了，你接上了!"

（2）提示下的增强与独立完成行为时的增强强度要有差别，提示下的增强较小，独立表现要给予更大的增强。

【"接续儿歌"数据记录单】

教学项目：接续儿歌 教学时间：___ 教学者：____ 学习者：___				
教学目标：能依前事儿歌接续未完成的5首儿歌，每次至少10个教学尝试，连续2个教学时段达100%正确，跨不同教学者与情境。			泛化探测：在提供没有教学过的儿歌范例时，学生能接续未完成的儿歌，达100%正确，至少通过3首儿歌的探测。	
儿歌内容	反应		儿歌内容	反应
一闪一闪……			叮叮当、叮叮当……	Y N
两只老虎……			我独自走在……	Y N
小兔子……			我头上有……	Y N
门前大桥下……			在山的那边……	Y N
拔萝卜……			找呀找呀……	Y N
正确率			正确率	
符号记录：正确反应+，错误反应—，提示下反应P，提示后独立反应P+				

2. 接续动物的叫声

教学阶段	动机操作	A	B	C
阶段一	呈现儿童喜欢的动物	情境：教学者与学生面对面坐着，手中拿着儿童喜欢的动物。教学者："小狗的叫声汪汪汪。"	学生说出"小狗叫声汪汪汪"	获得泛化强化物
		以复诵方式让儿童说出狗狗叫声汪汪汪		
阶段二	呈现儿童喜欢的动物	情境：教学者与学生面对面坐着，手中拿着儿童喜欢的动物。教学者："小狗的叫声…"	学生接续说出"汪汪汪"	获得泛化强化物
		以3秒延宕提示，引导儿童接续说出汪汪汪的叫声		

【前事安排与 S^D】

（1）确认学生喜欢的动物，以增加学生学习动机。

（2）确认儿童的注意力，再给予教学的前事刺激。

【教学提示】

（1）阶段一先让儿童可以跟着复诵完整的句子。

（2）阶段二教学者采用3秒延宕提示策略，可以先只停在最后一个字，再逐步增加停下不说的字数。

（3）如果儿童有出现自动接续的行为，则可以不需要依据上述的教学阶段。

【后效】

（1）当学生有做出接续的反应时，教学者给予泛化制约增强并搭配社会增强："太棒了，你接上了！"

（2）提示下的增强与独立完成行为时的增强强度要有差别，提示下给予较小的增强，独立表现要给更大的增强。

【"接续动物叫声"数据记录单】

教学项目：接续动物叫声　教学时间：_____		教学者：_____	学习者：_____	
教学目标：能依有关动物叫声的前事语句接续未完成的3种动物叫声，每次教学至少10次，连续2个教学时段达100%正确，跨不同教学者与情境。			泛化探测：在提供没有教学过的动物叫声时，学生能接续未完成的部分，达100%正确，至少通过3种动物叫声的探测。	
教学内容	反应		探测内容	反应
青蛙的叫声 小牛的叫声 小狗的叫声			小猫的叫声是……	Y N
			小鸡的叫声是……	Y N
			小鸭叫起来是……	Y N
			老鼠的叫声是……	Y N
			小猪的叫声是……	Y N
正确率			正确率	
符号记录：正确反应+，错误反应—，提示下反应P，提示后独立反应P+				

3. 接续未完成的命名

教学阶段	动机操作	A	B	C
阶段一	呈现儿童喜欢的原级强化物	情境：教学者与学生面对面坐着，先让儿童吃一小块强化物（如饼干）。 教学者："我们吃……?"+呈现饼干	学生接续说出"饼干"	获得泛化强化物
		以呈现刺激物的方式，让儿童以命名方式接续		
阶段二	呈现儿童喜欢的动物	情境：教学者与学生面对面坐着，先让儿童吃一小块强化物（如饼干）。 教学者："我们吃……?"	学生接续说出"饼干"	获得泛化强化物
		以3秒延宕提示，引导儿童接续说出饼干，若没有出现接续语言，则给复诵提示		

【前事安排与 S^D】

（1）确认学生喜欢的原级强化物，以增加学生学习动机。

（2）让儿童先吃一小块他喜欢的食品，再依阶段一、二的程序提供前事刺激。

【教学提示】

（1）阶段一是提供非语言刺激，让儿童以命名方式接续未完成的句子。

（2）阶段二教学者采用3秒延宕提示策略，可以先只停在最后一个字，再逐步增加停下来的字数。

（3）如果儿童有出现自动接续的行为，则可以不需要依据上述的教学阶段。

【后效】

（1）当学生有做出给的反应时，教学者给予泛化制约增强并搭配社会增强："太棒了，你有接着说耶!"

（2）提示下的增强与独立完成行为时的增强强度要有差别，提示下较小的增强，独立表现要给更大的增强。

【"接续未完成的命名"数据记录单】

教学项目：接续命名　　教学时间：＿＿＿＿＿＿　　教学者：＿＿＿＿＿＿　　学习者：＿＿＿＿＿				
教学目标：学生能接续3–5种未完成的命名，每次教学至少十次，连续二个教学时段达100%正确，跨不同教学者与情境。			泛化探测：在提供没有教学过的接续未完成的命名时，学生能接续未完成的部分，达100%正确，至少通过3种命名的探测。	
教学内容	反应		探测内容	反应
我们吃……？ 我们拍……？ 我们喝……？			我们玩……	Y N
			我们听……	Y N
			我们背……	Y N
			我们吃……	Y N
			我们看……	Y N
正确率			正确率	
符号记录：正确反应+，错误反应—，提示下反应P，提示后独立反应P+				

🔍 **教学信息箱**

（一）建议要先确认学生偏好的刺激，可以从原级再逐步转换到次级刺激物。

（二）教学刺激物若是次级刺激物，可考虑下列教学程序的层次安排：

动机操作	A	B	C
呈现儿童喜欢的次级刺激物	情境：教学者与学生面对面坐着，先跟儿童及该刺激物一起做个小活动，如，玩玩具汽车。 教学者："我们玩……？"	学生说出"汽车"	获得泛化强化物
	由命名转换到交互式语言，或以3秒延宕提示，引导儿童接续说出汽车。		

（三）交互式语言其语言操作的前事刺激是语言刺激，若是以命名方式（受控于非语言刺激）引导学生说出接续的名词，教学者需要谨记需褪除该非语言刺激，才能符合交互式语言的概念。

（四）反应泛化的安排，可从未教过的刺激物进行探测，以确认指认能力已经产生。

（五）"交互式语言—接续他人的语言"教学检核表：

项目	检核	备注
教学材料与指令		
确认学生的强化物与注意力	□是 □否	
提前确认"学生熟悉的儿歌"有哪些；确认当呈现动物图卡和其中一种动物的叫声时，学生能正确作出选择	□是 □否	
教学指令，简洁清楚，没有其他无关干扰语言	□是 □否	
提示方式		
提示方式：复诵	□是 □否	
褪除提示方式：提示后独立，或3秒固定延宕	□是 □否	
后效增强		
具体增强学生的正确反应	□是 □否	
社会增强与实物强化物配对	□是 □否	

五、交互式语言 – 对环境刺激的复杂表达

? 教学理由

个体对环境事物的掌控，除了初级命名操作外，说出物品的功能、特征则是对物品意涵理解的重要指标；环境中的刺激物是相当庞杂的，如何将其分门别类，是概念形成的重要过程。上述听者课程中有听者复杂命名（RFFC），其内涵主要是指个体能依据物品功能、特征及类别的方式指认刺激物。而本课程则是将听者的角色转为说者（IFFC），教学目标是建立个体对环境事物的意义与概念，个体能以口说的方式表述，代表符号表征能力亦开始发展，因此，说者复杂命名是个体进入表征能力的象征指标。以下先列举部分说者复杂命名相关的教学参考项目。

（一）接续说出或回答说出物品的功能、特征或类别

教导接续说出物品功能的范例：当教学者询问"你用剪刀……"时，学生会

接续说出"剪东西"（功能）；"咖啡杯上有…"时，学生会接续说出"把手"（特征）；"苹果是一种……"时，学生会接续说出"水果"（类别）。

回答说出物品功能、特征及类别的范例：当教学者询问"剪刀是用来…?"时，学生会接续说出"剪东西""咖啡杯有哪些特征"时，学生会接续说出"手把和杯缘"；"苹果是属于什么类别?"时，学生会接续说出"水果类"。

（二）依物品的功能、特征或类别说出物品名称

教导依物品功能命名物品名称的范例；教学者问"什么是用来剪东西的?"，学生可以回答："剪刀。"教导依物品特征命名物品名称的范例：教学者问："什么东西有窗子和轮子?"学生可以回答："车子。"教导依物品类别命名物品的范例：教学者说"举出一种交通工具"，学生可以回答"汽车"或"火车"。

📝 教学程序

（一）整体学习目标：学生能接续说出或回答物品功能、特征或类别，或依物品功能、特征或类别说出物品。刺激物可以是物品、地点、人物或动作等。

（二）习得技能描述：学生能说接续或回答至少50种刺激物的功能、特征或种类时，或依据刺激物的功能、特征或类别说出至少50种刺激物的名称。刺激物可以是物品或人物。

（三）教学材料：教学材料建议先从与生活相关的物品开始（如，杯子、汤匙、积木、水果模型等），可以参照说者命名的材料，或同时教学。

（四）技能标准：学生能接续或回答物品功能、特征或类别，每次至少有2~5个教学目标，至少教学10次，连续2个教学时段达100%正确，跨不同教学者与情境。

（五）泛化探测：要准备5组没有教过的刺激物，以探测在没有教学下，学生是否可以独立表现出正确的指认刺激物的反应。

（六）"说者复杂命名"教学单位：

1. 接续说出物品功能、特征或类别：

动机操作	A	B	C
确认儿童的偏好物	情境：教学者与学生面对面坐着。 教学指令： "杯子是用来……?"（功能）； "杯子上面有……?"（特征）； "杯子是一种……?"（类别）	学生能说出正确反应： "喝水"； "手把"； "厨房用品"	获得泛化强化物
	提示：必要时，可以使用字卡+复诵作为提示，之后再褪除为复诵提示		

2. 依问题回答物品功能、特征或类别：

动机操作	A	B	C
确认儿童的偏好物	情境：教学者与学生面对面坐着。 教学指令： "杯子是用来做什么的?"（功能）；"杯子上面有什么特征?"（特征）；"杯子是属于哪一种类别?"（类别）	学生能说出正确反应： "喝水"； "手把"； "厨房用品"	获得泛化强化物
	提示：必要时，可以使用字卡+复诵作为提示，之后再褪除为复诵提示		

3. 依物品的功能、特征或类别说出物品名称：

动机操作	A	B	C
确认儿童的偏好物	情境：教学者与学生面对面坐着，教学指令范例如下： "什么是用来剪东西的?"（依功能） "什么东西有窗子和轮子?"（依特征） "举出一种交通工具"（依类别）	学生能说出正确的反应： "剪刀"； "车子"； "汽车"或"火车"	获得泛化强化物
	提示：必要时，可以使用字卡+复诵作为提示，之后再褪除为复诵提示		

【前事安排与 S^D】

1. 确认学生的偏好物以增加学生学习动机。

2. 该指令需简洁有力，避免出现与指令无关的语言。

3. 教学目标刺激的安排，可以是相同的刺激物跨功能、特征及类别的提问，或是不同刺激物，但都是提问一种相同的问题（可以是功能、特征或类别）。

【教学提示】

初始学习阶段要以0秒延宕提示提供字卡或图卡及复诵提示，再逐步褪除所有提示。说者语言操作要只受控于语言刺激。

【后效】

1. 当学生有做出恰当反应时，教学者给予泛化制约增强并搭配描述性增强；给予描述性的反馈时，应再强调一次物品的功能、特征或类别。

2. 提示下的增强与独立完成行为时的增强强度要有差别，提示下较小的增强，独立表现要给更大的增强。

（七）"接续说出物品功能、特征、类别"数据记录表：

教学项目：说出物品功能、特征、类别　　教学者：＿＿＿＿＿＿　　学习者：＿＿＿＿＿＿												
教学目标：能接续或回答物品功能、特征或类别，每次至少有2—5个教学目标，至少教学10次，连续2个教学时段达100%正确，跨不同教学者与情境。												
日期	刺激物		反应								正确率	备注
1/9	水杯 手机 勺子	功能										
		特征										
		类别										
……	……	功能										
		特征										
		类别										
符号记录：正确反应+，错误反应—，提示下反应P，提示后独立反应P+												

🔍 教学信息箱

（一）建议先从学生熟悉的物品开始教导，可以儿童生活中常会出现的物品为主，使教学与生活结合。

（二）每次教学目标的安排，可以是相同的刺激物跨功能、特征及类别的提问；或是不同刺激物，但都是提问一种相同的问题（可以是功能、特征或类别），若是每次是不同刺激物相同提问，至少准备5种不同刺激物。

（三）反应泛化的安排，可从未教过的刺激物进行探测，以确认指认能力已经产生。

（四）"说者复杂命名"教学检核表：

项目	检核	备注
教学材料与指令		
确认学生的强化物与注意力	□是 □否	
目标刺激可以是同一物品使用不同提问，或不同物品使用相同提问	□是 □否	
教学指令，简洁清楚，没有其他无关干扰语言	□是 □否	
提示方式		
提示方式：字卡或图卡+复诵	□是 □否	
褪除提示方式：提示后独立，或3秒固定延宕	□是 □否	
后效增强		
具体增强学生的正确反应	□是 □否	
社会增强与实物强化物配对	□是 □否	

六、交互式语言 – 回应他人的提问

？ 教学理由

当他人提供一系列的信息时，学生能从中提取相关的内容，并回应他人几种问题：与人、物有关的问题（是谁／是什么）、与地点有关的问题（在哪里）、与动作有关的提问（做什么）。依据 Skinner（1957）的观点，交互式语言是受控于口说的语言刺激，因此，本课程的目标是学生能在他人口语的提问下回答问题。此外，Skinner 亦指出回答问题是听者与说者的结合，也是理解他人语言意涵的具体表现。而回答问题的能力则是后续发展与他人对谈、叙说事件的整体脉络以及作决定的基础。

（一）回应与人（who）、物（what）有关的问题

教学程序

1.技能描述：教学者陈述一情境的内容，邀请学生回答与人、物有关的问题。

2.技能标准：教学者陈述情境后，并提出与人、物有关的问题，共计25种不同情境，包含不同人、物，20种用于教学中，学生能回答100%正确率，连续两次教学（每次约十次教学尝试），并能跨两位不同教学者及教学场域。另5种情境不进行教学，仅作为反应泛化的探测，必须能正确回答5种情境中人、物的提问，才能确认达到学习标准。

3.教学材料：各种事先设计好的情境至少20组，以及情境相关图卡（仅做提示用）。

4."回应与人、物有关的问题"教学单位及范例：

▶教学单位

MO（动机操作）	A（前事刺激）	B（行为）	C（后果）
确认儿童的偏好物	情境：事先准备5种情境内容，教学者口述情境。 教学指令：教学者提问与人、物有关的问题	学生能回答正确的人或物	获得泛化制约增强
	提示策略：可先搭配图卡，让学生有具体的图像作为参考，并搭配口语或字卡提示。		

▶教学范例

提问重点	A（前事刺激）	B（行为）	C（后果）
情境一 （与人有关）	教学者陈述"爸爸在客厅泡茶。"并问："谁在泡茶?"	学生回答："爸爸。"	获得增强或代币
情境二 （与人有关）	教学者陈述"妈妈在厨房做菜。"并问："谁在做菜?"	学生回答："妈妈。"	获得增强或代币
情境三 （与人有关）	教学者陈述"姐姐在房间唱歌。"并问："谁在唱歌?"	学生回答："姐姐。"	获得增强或代币
情境四 （与物有关）	教学者陈述："哥哥买了玫瑰花，回家后放在桌上。"并问："哥哥买了什么东西?"或问："哥哥将什么东西放在桌上?"	学生回答："玫瑰花。"	获得增强或代币
情境五 （与物有关）	教学者陈述："老师将考卷放在手提袋里，开车回家。"并问："老师将什么放在手提袋里?"	学生回答："考卷。"	获得增强或代币

5. "回应与人和物有关的问题" 数据记录单

教学项目：回应谁和什么　教学时间：_____　教学者：_____　学习者：_____				
教学目标：教学者陈述情境后，并提出与人、物有关的问题，共计20种不同情境，包含不同人、物，学生能回答100% 正确率。每次教学包含3—5种不同的情境，连续两次教学，每次至少10次教学尝试，并能跨两位不同教学者及教学场域，正确率达100%。			泛化探测：教学者陈述未经教学的5种情境，并提出与人、物有关的问题，可以进行正确回答达100% 正确率。	
教学内容	反应		探测内容	反应
1.爸爸在客厅泡茶。谁在泡茶？			爷爷在池塘边钓鱼	Y　N
			姐姐在书房看书	Y　N
2. 妈妈在厨房做菜。谁在做菜？			姐姐在客厅玩球	Y　N
				Y　N
……				Y　N
正确率			正确率	
符号记录：正确反应＋，错误反应－，提示下反应P，提示后独立反应P＋				

（二）回应与地点有关的问题

教学程序

1.技能描述：教学者陈述情境的内容，邀请学生回答与地点有关的问题。

2.技能标准：教学者陈述情境后并提出与地点有关的问题，共计20种不同情境，包含不同人物，学生能回答100% 正确率，连续2次教学（每次约10次教学尝试），并能跨两位不同教学者及教学场域。

3.教学材料：各种事先设计好的情境至少20组，以及情境相关图卡（仅做提示用）。

4. "回应与地点有关的问题" 教学单位及范例：

MO（动机操作）	A（前事刺激）	B（行为）	C（后果）
确认儿童的偏好物	情境：事先准备5种情境内容，教学者口述情境。 教学指令：教学者提问与地点有关的问题	学生能回答正确地点	获得泛化制约增强
	提示策略：可先搭配图卡，让学生有具体的图像作为参考，并搭配口语或字卡提示。		

▶教学范例

	A（前事刺激）	B（行为）	C（后果）
情境一	教学者陈述"爸爸在客厅泡茶"并问："爸爸在哪里泡茶？"	学生回答："客厅。"	获得增强或代币
情境二	教学者陈述"妈妈在厨房做菜"并问："妈妈在哪里做菜？"	学生回答："厨房。"	获得增强或代币
情境三	教学者陈述"姐姐在房间唱歌"并问："姐姐在哪里唱歌？"	学生回答："房间。"	获得增强或代币
情境四	教学者陈述"晓华在公园玩荡秋千"并问："晓华在哪里荡秋千？"	学生回答："公园。"	获得增强或代币
情境五	教学者陈述"小花在超市买生活用品"并问："小花在哪里买生活用品？"	学生回答："超市。"	获得增强或代币

5.“回应以地点有关的问题”数据记录单：

教学项目：回应哪儿　　教学时间：＿＿＿＿＿＿			教学者：＿＿＿＿＿＿	学习者：＿＿＿＿
教学目标：教学者陈述情境后，并提出与地点有关的问题，共计20种不同情境，包含不同地点，学生能回答100%正确率。每次教学包含3—5种不同的情境，连续2次教学，每次至少10次教学尝试，并能跨2位不同教学者及教学场域，正确率达100%。			泛化探测：教学者陈述未经教学的5种情境，并提出与地点有关的问题，可以进行正确回答达100%正确率。	
教学内容	反应		探测内容	反应
1.爸爸在客厅泡茶。爸爸在哪泡茶？			爷爷在池塘边钓鱼	Y N
			姐姐在书房看书	Y N
2.妈妈在厨房做菜。妈妈在哪儿做菜？			妞妞在客厅玩球	Y N
				Y N
……				Y N
正确率			正确率	
符号记录：正确反应+，错误反应—，提示下反应P，提示后独立反应P+				

（三）回应与动词有关的问题

📝 **教学程序**

1.技能描述：教学者陈述情境的内容，邀请学生回答与动词有关的问题。

2.技能标准：教学者陈述情境后并提出与动词有关的问题，共计20种不同情境，包含不同人物，学生能回答100%正确率，连续2次教学（每次教学约10次教学尝试），并能跨两位不同教学者及教学场域。

3.教学材料：各种事先设计好的情境至少20组，以及情境相关图卡（仅做提示用）。

4. "回应与动词有关的问题"教学单位及范例：

MO（动机操作）	A（前事刺激）	B（行为）	C（后果）
确认儿童的偏好物	情境：事先准备五种情境内容，教学者口述情境。 教学指令：教学者提问与动作有关的问题	学生能回答正确动作	获得泛化制约增强
	提示策略：可先搭配图卡，让学生有具体的图像作为参考，并搭配口语或字卡提示		

▶教学范例

	A（前事刺激）	B（行为）	C（后果）
情境一	教学者陈述"爸爸在客厅泡茶"并问："爸爸在客厅做什么?"	学生回答："泡茶。"	获得增强或代币
情境二	教学者陈述"妈妈在厨房做菜"并问："妈妈在做什么?"	学生回答："做菜。"	获得增强或代币
情境三	教学者陈述"姐姐在房间唱歌"并问："姐姐在做什么?"	学生回答："唱歌。"	获得增强或代币

5."回应以动词有关的问题"数据记录单：

教学项目：做什么问题　教学时间：_____　　　教学者：_____　　学习者：_____					
长期目标：教学者陈述情境后，并提出与动词有关的问题，共计20种不同情境，包含不同动作，学生能回答100% 正确率。 短期目标：学生能回答有关动作的问题，每次教学包含3—5种不同的情境，连续两次教学，每次至少10次教学尝试，并能跨两位不同教学者及教学场域，正确率达100%。			泛化探测：教学者陈述未经教学的5种情境，并提出与动作有关的问题，可以进行正确回答，达100%正确率。		
教学内容	反应		探测内容		反应
1."爸爸在客厅泡茶。""爸爸在做什么?"			"爷爷在池塘边钓鱼"		Y N
			"姐姐在书房看书"		Y N
			"妞妞在客厅玩球"		Y N
2."妈妈在厨房做菜。""妈妈在做什么?"......					Y N
					Y N
正确率			正确率		
符号记录：正确反应+，错误反应—，提示下反应P，提示后独立反应P+					

🔍 **教学信息箱**

1. 有关人、物提问的情境设计，物品的询问方式，例如，情境为"闹钟放在姐姐的房间，以便叫她准时起床"，问题可以设计为："什么放在姐姐的房间?"

2. 如果字卡提示学生仍觉困难，可以考虑以情境图卡（与提问的情境一样的图卡）作为提示。而看故事书时能回答故事书的问题，这部分并不属于交互式语言的范畴，读者必须要能区分这两者的差异。对于强烈依赖视觉线索的学生，可以先搭配图卡或故事书作为辅助，最终目标还是需要让学生能受控于口语的语言刺激。

3. 进行地点或动作提问之前，需先确认学生已经具备至少各20种地点及动词命名能力。

4. 当学生在3种回应问题的学习已经精熟后，可以使用真实发生的事件或故事书做为泛化教材，并于当中穿插3种不同的问题，让学生开始建构出人、事、时、地、物的基本概念。

5. "交互式语言—回应他人提问"教学检核表：

项目	检核	备注
教学材料与指令		
确认学生的注意力	□是 □否	
教学者陈述的句子结构由简短到复杂	□是 □否	
教学者陈述内容时需清楚明确	□是 □否	
提示方式		
依学生的学习特性选择提示方式：图卡、字卡、口语	□是 □否	
错误纠正		
确认提示、转换、重复的步骤	□是 □否	
后效增强		
后效增强具体增强学生的正向反应	□是 □否	

6. 响应 wh 的问题，除上述基本的人、物、地点及动作外，后续发展涵盖：对响应与时间相关的问题（when），与因果有关的问题（why）。若目标行为是要教学生能响应与时间有关的提问，需先确认学生对时间已经具备基本的概念，如准点概念、上午、下午、昨天、今天、明天、星期等。

7. 回应他人提问其后续可延伸的能力，以叙说能力为代表。叙说，简单而言就是陈述一件事的来龙去脉，亦即对于曾经发生的事情，能够以人、事、时、地、物的方式描述整体事件。例如，周末去度假，可以清楚的交代下列信息：和谁去、去什么地方、做了哪些活动、心情如何等等，针对脉络的陈述，正是整合上述 3.6.1 到 3.6.3 的课程加上时间描述（何时去的？）的具体展现。

七、刺激间关联的联结训练

? 教学理由

依据 Freeman 和 Dake（1997）以及作者的实务经验，交互式语言中的对谈能力，应涵盖下列几种语言行为的技能：刺激间关联的联结训练、生活相关事件的因果关系、相关字词的联想等，最后才是主题式对谈的教学。首先，刺激间关联的联结训练，主要是帮助个体增加对环境刺激间的联结，尤其孤独症谱系障碍者对环境刺激的选择上常有过度窄化的现象，此训练可以使孤独症患者能注意到刺激物的多重面向，亦等同于发展出多重线索的反应能力（Keogel et al., 1989）。此外，刺激间关联的联结训练也有助于环境刺激间因果关系的建立。依照Free-man 和 Dake（1997）及凤华（2006）的观点，刺激间关联的联结训练的教学可依序安排如下：①以"是"联结的相关词组；②联结感官知觉的词汇，如：闻起来、尝起来等；③逐渐加入动作、前置词或感觉的词汇。以下分别说明教学的详细步骤。

（一）以"是"联结的相关词组的教学

📝 **教学程序**

1.技能描述：类似于名词＋形容词的联结训练，教学者呈现一物品（名词），提问后，学生能回答问题并以"是"联结两个词组。

2.技能标准：学生能100%正确将两种刺激组联结，至少能回答30组，跨不同情境，或通过五组刺激组的探测。

3.教学材料：应准备至少30组的"名词+形容词"的词组，以及相关图卡二生肖（仅作为提示之用）。

4."以'是'联结的相关词组"教学单位及范例

配对的词组	A（前事刺激）	B（行为）	C（后果）
名词+形容词	阶段一：呈现一物品图片或字卡＋问题："什么和××在一起?"	○○和××在一起	泛化制约增强
	阶段二：呈现图片或文字"名词／形容词"＋问题："为什么××和○○在一起?"	因为××是○○的	泛化制约增强

▶教学范例

配对的词组	A（前事刺激）	B（行为）	C（后果）
草莓＋红色	阶段一：呈现草莓图片或字卡＋问题："什么和草莓有关?"	红色和草莓有关	泛化制约增强
	阶段二：呈现图片或文字"草莓／红色"＋问题："为什么草莓和红色有关呢?"	因为草莓是红色的	泛化制约增强
草地＋绿色	阶段一：呈现草地图片或字卡＋问题："什么和草地在一起?"	绿色和草地在一起	泛化制约增强
	阶段二：呈现图片或文字"草地／绿色"＋"为什么草地和绿色在一起?"	因为草地是绿色的	泛化制约增强

5. "以'是'联结的相关词组"数据记录单

教学项目：用"是"连接 教学时间：_____ 教学者：_____ 学习者：_____				
长期目标：学生能100%正确将两种刺激组联结，至少能回答30组，跨不同情境。 短期目标：学生用将两种刺激组连接，每次教学包含3—5种不同的情境，连续2次教学，每次至少10次教学尝试，并能跨两位不同教学者及教学场域，正确率达100%。			泛化探测：教学者陈述未经教学的5种情境，并提出与动作有关的问题，可以进行正确回答达100%正确率。	
教学内容	反应		探测内容	反应
1.呈现苹果／香蕉／葡萄图片或字卡＋问题："什么和苹果／香蕉／葡萄在一起?" ……			西瓜	Y N
			皮球	Y N
			玫瑰花	Y N
			棍子	Y N
			太阳	Y N
正确率			正确率	
符号记录：正确反应+，错误反应—，提示下反应P，提示后独立反应P+				

（二）联结感官知觉词汇的教学

📝 **教学程序**

1.技能描述：以感官知觉的动词联结名词+形容词，教学者呈现一物品（名词），提问问题后，学生能回答问题并以"感官动词"联结两个词组。

2.技能标准：学生能100%正确将2种刺激组以感官动词联结，至少能回答20组，跨不同情境，或通过五组刺激组的探测。

3.教学材料：应准备至少30组的名词+形容词的词组，以及相关图卡（仅作为提示之用）。

4."联结感官知觉词汇"的教学单位及范例：

配对的词组	A（前事刺激）	B（行为）	C（后果）
名词+形容词 （与感官知觉有关的）	阶段一：呈现一物品图片或字卡+问题："什么和××在一起"	○○和××在一起	泛化制约增强
	阶段二：呈现图片或文字"名词／形容词"＋问题："为什么××和○○在一起?"	因为××＋感官动词＋○○的	泛化制约增强

▶教学范例

配对的词组	A（前事刺激）	B（行为）	C（后果）
柠檬+酸的	阶段一：呈现柠檬图片或字卡＋提问："什么和柠檬在一起?"	酸的和柠檬在一起	泛化制约增强
	阶段二：呈现文字"柠檬／酸的"＋"为什么他们会在一起?"	因为柠檬尝起来是酸的	泛化制约增强

5."以感官知觉的联结接名词和形容词"数据记录单

教学项目:用"感官词"联结　教学时间:_____　教学者:_____　学习者:_____				
目标:学生能将两种刺激组以感官动词联结,至少两次教学,每次教学包含3—5种不同的刺激,每次至少10次教学尝试,并能跨两位不同教学者及教学场域,正确率达100%。累计至少能正确回答20组。			泛化探测:教学者陈述未经教学的5组刺激,学生能用感官动词将两种刺激组用感官连接,正确率达100%。	
教学内容	反应		探测内容	反应
呈现柠檬图片或字卡＋提问:"什么和柠檬在一起?"、"为什么他们在一起"……			被子——摸起来软	Y N
			垃圾——闻起来臭	Y N
			蛋糕——闻起来香	Y N
			兔子——看起来可爱	Y N
			冰块——摸起来冰	Y N
正确率			正确率	
符号记录:正确反应+,错误反应—,提示下反应P,提示后独立反应P+				

🔍 **教学信息箱**

1.上述的教学提示可以是口语或字卡,最终的标准是学生要能受控于口语的语言刺激。

2.上述词组的组合练习是名词加上形容词,生活中的各种物品都是可以练习的词组。

3.有关动作词组的范例,如,将小朋友和秋千放在一起,学生需要能以动词的词组联结两个物品,即能回答:"小朋友在荡秋千"。

4.有关前置词的范例,如,将枕头和床放在一起,询问为什么这两样东西在一起,学生须能以前置词联结两个刺激物:"因为枕头会放在床上"。

5.此课程建议要延伸到相关事件的联结,相关事件的联结对后续阅读理解有重要意义。教学程序类似上述的教学范例,举例说明如下:

配对的词组	A（前事刺激）	B（行为）	C（后果）
（事件一＋事件二）	阶段一：呈现（爸爸拿他的公文包）和（爸爸要走出门上班）（字卡或图卡）＋"什么和爸爸出门有关?"	爸爸拿公文包和（出门上班）有关	泛化制约增强
	阶段二：为什么这两个事件有关?	因为爸爸上班时都会带公文包	泛化制约增强

6. "刺激间关联的联结训练"教学检核表：

项目	检核	备注
教学情境与指令		
确认学生的强化物与注意力	□是 □否	
教学材料的安排，以学生生活中常出现的物品为主，教学者提问要分两阶段提问，先请学生回答形容词，之后再提问"为什么2个会在一起?"的问题	□是 □否	
提示方式		
提示方式：口语、字卡	□是 □否	
褪除提示方式：提示后独立，或以5秒固定延宕提示策略	□是 □否	
后效增强		
具体增强学生的正确反应，特别强化2种刺激物的联结关系	□是 □否	
泛化制约增强搭配描述型反馈	□是 □否	

第四节 进阶语言行为教学设计（说者延伸语言操作）

Skinner（1957）从操作的观点，以功能与控制的取向界定语言，发展出6种基础（初级）语言操作，并延伸出次级语言操作及多重控制的概念，本篇大项将涵盖提要求获取信息、生活事件相关的因果关系、相关字的联想、进阶命名、自动附加及多重控制之教学程序。本篇的进阶说者会让读者耳目一新，并打破行为分析无法处理高阶认知或语言的迷思。本单元也配合本书第一部分的理论概述，让读者能将理论与实务教学相结合，为孤独症谱系障碍及其他有需要的特殊族群提供清楚的教学方针。

一、提要求获取信息

？ 教学理由

Skinner（1957）将提问获取信息以四期后效解析并归类于提要求的范畴，四期后效中动机状态是主要的促发因子，环境中出现模糊或不明的状态正是启动提问的动机状态，因而引发说者的提问反应。一般发展儿童约在3岁就已发展出提问获取信息的行为，主要功能为协助儿童探索环境、了解环境，进而掌控环境，对儿童主动学习及问题解决扮演重要角色。

（一）提要求获取地点、人及物的信息

📝 教学程序

1.动机操作：营造一个模糊情境，营造儿童想要获取信息的动机。如找不到东西、不认识的人或物品。

2.技能标准：教学者营造出学生想要提要求获取与地点、人及物品（未经教学的探测情境各三种模糊情境），学生能以"在哪里"或"这是谁""是什么"的问题，三组皆达100%正确率，跨两位不同教学者及教学场域。

3.教学材料：各种事先设计好的情境各10种以上。

4."提要求获取地点、人及物的信息"教学单位：

（1）"提要求获取地点的信息"的教学单位：

动机操作	A（前事刺激）	B（行为）	C（后果）
寻找物品	游戏时间要玩拼图时，只有拼图的板子，找不到拼图	学生说："拼图在哪里呀？"	被告知物品地点，拿到该物品
不认识的地点	穿插呈现各种环境的图片，先呈现认识的地点，其中穿插不认识的地点	学生说："这是什么地方呀？"	被告知地点名称，满足其好奇心
不明确的地点信息	教学者说："我上周末去郊游，很开心！"	学生说："你们去哪里郊游？"	教学者说出地点

（2）"提要求获取物品的信息"教学单位：

动机操作	A（前事刺激）	B（行为）	C（后果）
呈现新奇的物品	教学者呈现新奇物品，并说："好有趣的物品！"	学生提问："这是什么？"	教学者说出物品名称，并给该物品及社会强化
营造模糊的引发好奇	教学者拿着小袋子，里面装乐些小玩具，说："我带了些好东西喔？"	学生询问："是什么呢？"	让学生拿出袋子中的物品，给予物品及社会强化

（3）"提要求获取人的信息"教学单位：

动机操作	A（前事刺激）	B（行为）	C（后果）
呈现学生不认识的人照片	穿插呈现认识及不认识的人的照片，看到不认识的照片时	学生说："这是谁？"	得到该人的名字
营造模糊情境	教学者说："今天有人要来看大家上课."	学生说："是谁？"	提供学生人名，且让学生前去获得强化物

🔍 教学信息箱

1. 主动提问有关人、物及地点是儿童在提问题中最早发展的提问形式，要先确认学生已经具备响应 wh 问题的能力后再进行此教学。

2. 什么（what）的提问可分为"是什么？"及"在做什么？"依发展顺序先后为："是什么"（询问物品名称）先于"在做什么"（询问与动词有关的信息）。教学者应依据此发展概念依序教 what 的提问能力。此处的范例是询问"是什么？"的提问句，若是教导"在做什么？"则需确认儿童已经能命名各种动词。情境安排同样是营造模糊的情境，让学生学习以"在做什么？"获取相关信息。

3. 上述的提示策略可以采用口语或字卡，最终的标准是学生要能受控于动机的语言刺激。

（二）要求获取"何时"的信息

📝 教学程序

1. 动机操作：营造对时间模糊的情境，如预告活动但没有提供明确的时间，或是让学生对日程规划安排有兴趣，让学生获取"何时"的信息。

2. 技能标准：教学者营造出学生想要提要求获取与时间有关的信息（未经教学的探测情境各3种模糊情境），学生能以"什么时候"的问句提问，3种情境皆达100% 正确率，跨两位不同教学者及教学场域。

3. 教学材料：准备各种可以引发询问时间点的情境，至少5种。

4. "时间的主动提问"教学单位：

动机操作	A（前事刺激）	B（行为）	C（后果）
预告活动	教学者："学校要安排露营活动。"	学生问："什么时候?"	教学者响应时间点
时程规划	教学者将各式玩具摆放在书架上，教学者："待会儿可以玩这些玩具!"	学生问："什么时候?"	教学者回答时间点

（三）提要求获取"为什么"的信息

✎ 教学程序

1. 动机操作：营造学生对一些事项不理解或需要了解原因的情境，引发学生提要求以获取与原因有关的信息。

2. 技能标准：教学者营造出学生需要知道原因的情境时（须包含未经教学的探测情境2种以上），学生能主动提出"为什么"的问题，皆达100% 正确率，跨两位不同教学者及教学场域。

3. 教学材料：准备各种可以引发学生需要知道原因的情境，至少5种。

4. "原因的主动提问"教学单位：

动机操作	A（前事刺激）	B（行为）	C（后果）
动机操作：与生理现象有关	呈现图片，有一个小朋友要服药。教学者："妈妈要求小朋友吃药。"	学生说："为什么要吃药？"	教学者说："因为她感冒了，所以要吃药。"初期于学生提问后可搭配泛化制约强化
动机操作：营造与一般作息不一样的状态	教学者趁学生从事其他活动时，将椅子移到外面，教学者："回来上课了。"	学生说："为什么椅子放在外面？"	教师可以回答："因为在整理教室。"可搭配泛化制约强化
动机操作：与物理现象有关	小朋友玩遥控飞机，结果遥控飞机不飞了。	学生说："为什么飞机不飞了？"	教学者："因为电池没电了。"

🔍 **教学信息箱**

1. 提要求获取 why 信息的动机操作，可粗略分为以下类型：与生理相关的因果、与物理现象相关的因果及与生活事件相关的因果等，其重点是营造一种模糊的情境，让学生需要通过询问的方式澄清，以获取理解原因的信息。

2. 提要求最大的后效强化物就是学生可获取信息，初期阶段为强化提要求的反应，可于学生提问后给予泛化制约强化物，再提供学生想要的信息，泛化制约强化物须逐步褪除，以建立符合自然情境下的四期后效。

注："提要求获取信息"的教学检核表：

项目	检核	备注
教学材料与指令		
针对不同类型的 wh 问题设计情境（营造提问动机）	□是 □否	
安排情境时有运用动机操作概念	□是 □否	
提示方式		
依学生的学习特性选择提示方式：字卡、口语	□是 □否	
后效增强		
具体增强学生的正向反应	□是 □否	
学生主动提问时给予相关回馈，例如：与地点相关的提问则给予位置、与物品命名相关则给予名称	□是 □否	

二、生活相关事件的因果关系

因果关系的理解是个体未来发展抽象思考的基础，而因果关系现象经常蕴含在生活的各种事件中以及情绪经验的理解。对生活事件因果关系的联结，是理解的具体展现，是交互式语言的重要基石，也是未来高层次逻辑思考和问题解决的先备能力。

📝 教学程序

（一）技能描述：教学者呈现一个情境并提问问题后，学生能以"因为……所以……"的句式陈述因果关系。

（二）技能标准：学生能100%正确以"因为……所以……"陈述因果关系，至少能回答30组，跨不同情境，或通过五组刺激组的探测。

（三）教学材料：应准备至少30组能引发因果关系陈述的情境，以及相关图卡（仅作为提示之用）。

（四）以"因为……所以……"联结的相关词组的教学单位及范例。

▶教学单位

MO（动机操作）	A（前事刺激）	B（行为）	C（后果）
确认学生的偏好物	呈现一情境图片。教学者提问："为什么会×××？"	因为○○，所以××	泛化制约增强

▶教学范例

MO（动机操作）	A（前事刺激）	B（行为）	C（后果）
确认学生的偏好物	呈现喉咙痛的图片。教学者提问："为什么会喉咙痛？"	因为小朋友感冒生病了，所以喉咙痛	泛化制约增强

（五）"以'因为…所以…'陈述因果关系"数据记录单

教学项目：**陈述因果关系**　教学时间：_____　教学者：_____　学习者：_____				
长期目标：学生能100%正确以"因为…所以…"陈述因果关系，至少能回答30组，跨不同情境，或通过五组刺激组的探测。 短期目标：以"因为……所以……"陈述3—5种因果关系，至少2次教学，每次至少10次教学尝试，并能跨不同教学者及教学场域，正确率达100%			泛化探测：学生能以"因为……所以……"陈述5种未经教导的因果关系，正确率达100%	
教学内容	反应		探测内容	反应
1.呈现喉咙痛的图片。 教学者提问："为什么会喉咙痛？" ……			为什么地面湿滑	Y N
			为什么交通拥堵	Y N
			为什么植物枯萎了	Y N
			为什么小朋友在哭	Y N
			为什么杯子碎了	Y N
正确率			正确率	
符号记录：正确反应+，错误反应—，提示下反应P，提示后独立反应P+				

🔍 **教学信息箱**

（一）上述的语言提示可以是字卡或口语，最终的标准是学生要能受控于单纯口语刺激。

（二）教学材料可以是生活中的各种情境，可以依类别进行教学，例如：生理需求或病痛的因果（如，因为口渴所以要喝水、因为感冒生病所以喉咙痛；因为蛀牙所以牙齿痛等）、生活经验的因果（因为下雨所以要撑伞、因为很热所以开冷气等），以及物理状态的因果（因为有电池所以玩具车会动、因为有插电所以洗衣机会运转等）。

（三）反应泛化的安排，可准备未教学过的刺激材料进行探测，以确认学生已经具备因果关系的理解力。

（四）"刺激间关联的联结训练"教学检核表：

项目	检核	备注
教学情境与指令		
确认学生的强化物与注意力	□是 □否	
教学材料的安排，以学生生活中常出现的情境为主，教学者提问"为什么?"的问题	□是 □否	
提示方式		
提示方式：口语、字卡	□是 □否	
褪除提示方式：提示后独立，或以五秒固定延宕提示策略	□是 □否	
后效增强		
具体增强学生的正确反应能力，特别强化"因为……所以……"的联结关系	□是 □否	
泛化制约增强搭配描述型反馈	□是 □否	

三、相关字词的联想

? 教学理由

　　Skinner（1957）指出，交互式语言是通过自由联想的学习过程，联想能力的流畅也同时反映了语言内涵的丰富度。相关字词联想的训练类似扩散思考的能力，也能增加个体思考的弹性，对孤独症患者而言，可以借以突破其固着的临床症状。教学程序大致上是教学者先呈现一组生活常用的语词，学生则练习去回应与该语词相关的词语，初期训练时多需要较多的提示协助，以及强力的后效强化物，再逐步褪除协助与增强（凤华，2006；Freeman & Dake, 1997）。

📝 教学程序

　　（一）技能描述：教学者呈现一组字词后，学生能接续或联想出相关的词汇。

　　（二）技能标准：学生能100%独立接续词组，至少能接续20个词组。

　　（三）教学材料：应准备至少20组能引发因果关系陈述的情境，以及相关图卡（仅作为提示之用）。

　　（四）"相关字词的联想"的教学单位及范例：

▶教学单位

MO（动机操作）	A（前事刺激）	B（行为）	C（后果）
确认学生有兴趣的材料	呈现一个字或词。教学者提问："说说看和这有关的事物是什么?"	学生联想相关词汇	泛化制约增强

▶教学范例

MO（动机操作）	A（前事刺激）	B（行为）	C（后果）
确认学生有兴趣的材料，如下雨	呈现下雨（字卡或口说）。教学者提问："想想看和下雨有关的事物有哪些?"	学生回答：雨伞、搭公交车、雨衣、云层很黑、凉爽的	泛化制约增强

（五）"相关字词的联想"数据记录单：

教学项目：词的联想　教学时间：_____　教学者：_____　学习者：_____			
长期目标：教学者呈现一组字词后，学生能接续或联想出至少3个相关的词汇达到20组。 短期目标：教学者呈现一组字词后，学生能接续或联想出至少3组相关的词汇，每次教学包含3—5组不同的字词，每次至少10次教学尝试，并能跨两位不同教学者及教学场域，正确率达100%。		泛化探测：教学者陈述未经教学的5组词汇，学生能接续或联想出至少3组相关的词汇，正确率达100%。	

教学内容	反应		探测内容	反应
1.想想看和下雨有关的事物?			学校	Y N
2.说说看与公园有关的事物?			生日派对	Y N
……			春节	Y N
			冬天	Y N
			妈妈	Y N
正确率			正确率	

符号记录：正确反应+，错误反应—，提示下反应P，提示后独立反应P+

🔍 **教学信息箱**

（一）上述的语言提示可以是字卡或口语，最终的标准是学生要能受控于单纯口语刺激。

（二）相关字词的联想，亦可以用图示方式，类似扩散思考或概念图的方式，让学生可以被引导出相关的字词。例如，超市的概念图可以如下：

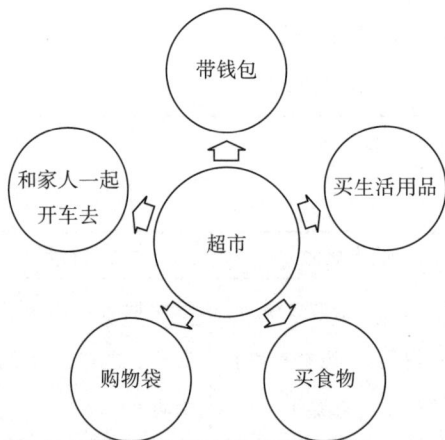

（三）语词接龙的教学，可以先提供一个词汇库，让学生可以从该词汇库中选取有关的词汇。例如，提供一系列跟雨有关的词汇库，让学生可以自由挑选其中他有兴趣的字汇。

（四）相关字词的联想是后续开启主题式对谈的基础。字词联想训练完成后，主题式对谈的训练就能开展。开始练习时，可以使用开放式的问题询问，如："你对什么主题有兴趣？"若学生无法回答，则提供选择式的问题，如："你想谈谈公园或是大卖场？"接着对话。训练的阶段可分为以下4个阶段（Freeman & Dake, 1997）：先进行与主题相关字词的联想；将字词转化说出完整的句子；进行语言精致化的练习；以及将各单独的句子连成一个合乎逻辑的一连串对话。以下分别说明之。

1. 与主题相关字词的联想：例如谈话主题可设定为：公园，通过相关字词联想的使用（提示语：公园有什么？），请孩子说出与公园有关的词语，并协助孩子用纸写下来，至少4个，如：秋千、溜滑梯、跷跷板、草地。

2. 将这些字词让学生说出完整的句子，可以用交互式语言方式引导说出：公园里有秋千，教学者则提供复诵的回应，再持续将其他字词引导说出完整的句子。

3. 语言精致化：针对上述的词语加上简单的刺激联结关系训练，如：颜色、感官知觉、动作等的提示，目的在达成语言的精致化。范例如下：将孩子说的语词依相关性配对写下来：秋千／好玩；溜滑梯／好快；跷跷板／高高低低；草地／绿色。

4.串联成句：在串联成句的过程中，首先应先将单独的语词串联成一个句子，再将各单独的句子连成一个合乎逻辑的一连串对话。

主题式对话训练于此完成。

四、进阶命名——多重线索

❓ 教学理由

环境中的非语言刺激涵盖有多元的特性，让该刺激的独特性能不同于其他刺激物。例如，苹果会有不同的颜色形状或味道，这些特性可以让该刺激与其他水果有所区隔。然而泛孤独症患者受限于其固着及高度选择的特性，可能会只选择物品的某个特定的面向作出反应，而让个体局限了他对环境非语言刺激的掌控力；这部分主要参考Keogel等人指出多重线索的辨识能力是孤独症谱系障碍者的核心能力之一。如何让学习者看到非语言刺激时，能掌握刺激物的多元特性，则是本课程—进阶命名教学重点之一。

📝 教学程序

（一）教学目标：学生能依据多元的语言刺激作出适当的回应。

（二）习得技能描述：教学者呈现一系列语言刺激物时，学生能正确指认出刺激物。

（三）教学材料：教学材料建议可从与生活相关的物品开始（如，毛巾、汤匙、玩具、水果模型等）。

（四）技能标准：学生能依教学者的多元指令，找出正确的刺激物，每次教学至少有4—5个目标，教学至少20次，连续2个教学时段达80%正确，跨不同教学者与情境。

（五）"对多元语言刺激作出适当反应"教学单位：（以命名物品为例）

教学阶段	动机操作	A	B	C
阶段一 两种区辨线索	确认学生的偏好物	情境：需准备能区辨2种线索的材料，例如，教学者："找出红色的毛巾。"材料需要有红色的毛巾和蓝色的毛巾，以及红色的餐巾	学生能找出正确的刺激物	获得泛化强化物
		提示策略：手势或示范		
阶段二 三种以上区辨线索	确认学生的偏好物	情境：需准备能区辨3种线索的材料，例如，教学者："找出红色的小浴巾。"材料需要有红色的大浴巾、红色的小浴巾和蓝色的浴巾，以及红色的餐巾	学生能找出正确的刺激物	获得泛化强化物
		提示策略：手势或示范		

【前事安排与 S^D】

1. 确认学生的偏好物以增加学生学习动机。

2. 指令需简洁有力，避免出现与指令无关的语言。

3. 教学刺激物的安排，必须要能展现区辨力，2种区辨线索，则至少要有3种物品，才能展现两两刺激的区辨；3种区辨线索，则需要至少4种物品以展现区辨力。

【教学提示】

1. 可采用手势或示范提示。再逐步褪除提示。

2. 如果无法褪除提示，要确认学生是否已经精熟基本命名的先备技能。

【后效】

1. 当学生有做出给的反应时，教学者给予泛化制约增强并搭配社会增强："太棒了，这个就是○○○!"

2. 提示下的增强与独立完成行为时的增强强度要有差别，提示下较小的增强，独立表现要给更大的增强。

（六）"进阶命名—多重线索"数据记录单：

教学项目：对多元语言刺激做反应 教学者：＿＿＿＿ 学习者：＿＿＿＿				
教学目标：学生能依教学者的2种／3种线索指令，找出正确的刺激物，每次教学至少有4—5个目标，教学至少20次，连续2个教学时段达80%正确，跨不同教学者与情境。				
日期	教学材料及目标刺激物	反应		正确率
1／9	1.红皮球，蓝皮球，红气球 2.三角形蛋糕，三角形面包，圆形蛋糕 ……			
符号记录：正确反应+，错误反应—，提示下反应P，提示后独立反应P+				

🔍 **教学信息箱**

（一）建议教学项目的选择应以儿童生活中常会出现的物品为主，使教学与生活结合。

（二）教学活动可以安排在日常生活中，例如，要刷牙时，请儿童找到他的牙刷，要穿衣服或洗澡时准备毛巾等，其后效增强正是他所需要的物品，以符合自然增强的教学概念。

（三）反应泛化的安排，可从未教过的刺激物进行探测，以确认指认能力已经产生。

（四）"说者命名—多重线索"教学检核表：

项目	检核	备注
教学材料与指令		
确认学生的强化物与注意力	□是 □否	
每次准备的目标刺激物，需依照区辨线索的数量作安排	□是 □否	
教学指令，简洁清楚，没有其他无关干扰语言	□是 □否	
提示方式		
提示方式：手势或示范提示	□是 □否	
后效增强		
具体增强学生的正确反应	□是 □否	
以自然增强为主	□是 □否	

五、陈述事件

❓ 教学理由

儿童具备口说命名的能力，是儿童展现控制环境力的开端，而能命名环境中的事件，则是掌控环境力的进阶表现。例如，要教导学生情绪因果关系，理解情绪发生的原因，学生需能命名事件，或要教学生问题解决的能力，学生必须要能先命名环境的事件，之后再针对所发生的事件找出适当的处理方式。因此命名事件对社会情绪课程中的情绪因果关系及问题解决是相当重要的。本课程的先备技能正是基本命名操作，命名事件的能力正是可以将这些基础命名操作组合成复杂语言并成为有意义的概念。

📝 教学程序

（一）整体学习目标：能够在所处环境中说出正在发生的事件，并且能用"主语＋谓语＋宾语"的句式进行陈述；或者在描述事件时，能够加入形容词和副词，使描述内容更加丰富。

（二）习得技能描述：当呈现事件图片时，学生能正确命名至少50种事件。

（三）教学材料：教学材料可以是教学者以真人示范，或是以图片形式呈现，建议可以从简单的动词+名词的简单事件为主，再逐步加入主词使能陈述完整事件的顺序。

（四）技能标准：学生能依图片中的事件说出该名称，每次教学至少5种事件刺激、每个时段20次教学，连续2个教学时段达80%正确，跨不同教学者与情境。

（五）泛化探测：在没有正式教学的情形下，学生能以随机学习的方式，自己学会命名事件的能力。

（六）"陈述事件"教学单位：

1.以动词+名词陈述事件

教学阶段	动机操作	A	B	C
阶段一 交互式语言 引发命名	确认学生的 偏好物	情境：教学者与学生面对面坐着，呈现一个影片活动或图片（如，堆积木）。 教学者："这人在做什么?"或"这小女孩在做什么?"	学生说出 "堆积木"	获得泛化 强化物
		使用交互式语言接续的教学策略，引发命名事件		
阶段二 纯粹命名事 件	确认学生的 偏好物	情境：教学者呈现数张事件图片。 教学者："告诉我图片的人在做什么事?"之后不再有该指导语	说出事件 名称	获得泛化 强化物
		以3秒延宕提示，引导儿童接续说出事件名称，若没有出现接续语言，则给复诵提示		

【前事安排与 S^D】

（1）确认学生的偏好物以增加学生学习动机。

（2）教学刺激的安排，可从动态的事件示范再到图卡刺激。

（3）在阶段二要能建立纯粹命名事件的能力，因此教学者的指导语只在刚开始教学前说一次即可。

【教学提示】

（1）阶段一可采用交互式语言接续教学的概念引发命名。

（2）阶段二则采用固定延宕提示的方式，让学习者有机会做出独立反应，未出现正确反应再给复诵提示。

【后效】

当学生有说出正确反应时，教学者给予泛化制约增强并搭配描述反馈。

2. "命名动词+名词"数据记录单

教学项目：命名动词+名词　　教学者：＿＿＿＿＿　　学习者：＿＿＿＿＿

长期目标：当呈现事件图片时，学生能正确以动词+名词的形式命名至少50种事件。

短期目标：学生能依图片中的事件以动词+名词的形式命名，每次教学至少5种事件刺激、每个时段20次教学，连续2个教学时段达80%正确，跨不同教学者与情境。

日期	教学材料及目标语言刺激	反应			正确率
1/9	1.图片：小男孩在荡秋千 2.影片：小女孩在滑滑梯 3.图片：妈妈在洗苹果 ……				

符号记录：正确反应+，错误反应—，提示下反应P，提示后独立反应P+

3. 延伸课程：命名主词+动词+名词

动机操作	A	B	C
确认学生的偏好物	承续上一个课程的教学材料。 教学者："这人在做什么？"或"这小女孩在做什么？"	学生说出"他在堆积木"	获得泛化强化物
	使用复诵的教学策略，引发完整命名事件，接着以延宕提示策略逐步褪除		

🔍 **教学信息箱**

（一）教学项目的选择应以儿童生活中常会出现的活动事件为主，使教学与生活结合。

（二）教学材料的建议：

1. 学生会的活动，如运动（投篮球、跳格子、跳绳等）、游戏（堆积木、玩车子、猜拳、玩大富翁等）。

2. 生活日常事件，盥洗、用餐、准备餐点、整理家务及购物等。

3. 生活意外事件，如打破杯子、切到手受伤、地板湿滑倒等。

（三）刺激泛化的安排，各种刺激物（包含动态影片或图片）的准备，建议每样刺激物至少要准备3种相似刺激物。

（四）"说者命名"教学检核表（以听者命名物品为例）：

项目	检核	备注
教学材料与指令		
确认学生的强化物与注意力	□是 □否	
每次教学至少准备5种不同的目标刺激物	□是 □否	
阶段二要能建立纯粹命名事件，教学者的指导语只在刚开始教学前说出即可。	□是 □否	
提示方式		
提示方式：交互式语言接续的方式引发命名	□是 □否	
褪除提示方式：提示后独立，或3秒固定延宕	□是 □否	
后效增强		
具体增强学生的正确反应	□是 □否	
泛化制约增强搭配描述型反馈	□是 □否	

六、自动附加

？ 教学理由

Skinner（1957）认为自动附加须以初级语言行为作为基础，没有初级语言操作，自动附加则不会发生；而自动附加的功能是修饰基本语言操作，或更精确地描述语言行为，并让听者产生不同的行为反应。语言的精确度及复杂度也因着自动附加而产生。说者为了要准确传递信息，当中会包含有区辨的过程，可能是对事件的确定程度，或呈现事件中多寡的议题，让描述的概念更为精准。

📝 教学程序

（一）整体学习目标：当个体为精确描述环境中的事件时，（1）能依据说者自己对情境的掌握度，选择以适当的动词作表述；（2）当陈述的事件须以量化的方式展现以凸显其精确度时，说者能以适当的量词陈述。

（二）教学材料设计如下：

安排情境一：让学生真正看到或只是听到声音，或是由他人告知的不同情境，当教学者问："同学在做什么？"学生能够以"我看到""我听到"或"别人告诉我"的方式陈述这一事件。

安排情境二：让学生观察与数量有关的事件（可以是影片片段），当教学者说"请告诉我你看到什么"，学生可以用准确的量词陈述事件。

（三）习得技能描述：当呈现事件图片时，学生能正确命名至少50种事件。

（四）泛化探测：在自然情境下搜集学生的语言样本，分析学生使用自动附加的类型及频率。

（五）自动附加"教学单位：

教学类型	A	B	C
类型一 精确描述事件	情境：让同学看到同学在做一件事（如，堆积木）。 教学者："同学在做什么？"	学生说出"在堆积木"	获得泛化强化物
	教学者："你如何知道同学在堆积木？"	学生："因为我看到同学在堆积木"	获得泛化强化物
	可以先用字卡方式，让学生选择他想要使用的语词（呈现我看到、我听到、别人说），再褪除字卡		
类型二 以量词精准陈述事件	情境：呈现一小段影片，音乐会的场合，会场坐满人。 教学者："告诉我演唱会的情形？"	会场人很多	获得泛化强化物
	如果说者没有呈现准确的量词，则再继续询问："再更清楚的告诉我演唱会的情形？"	演唱会会场的人都坐满了。	
	可以先用呈现各种字卡，让学生选择他想要使用的语词（坐满了、坐满一半、坐满八成），再褪除字卡		

【前事安排与 S^D】

1. 类型一教学情境的安排，可以是看到、听到、闻到或由他人告知的情形。

2. 类型二的情境要能展现下列的状态：多／少；全部／一半／部分／没有；空的／部分／全满，让学生能学习使用数量概念更清楚的陈述事件。

【教学提示】

类型一及类型二都可采用接续提问的方式，让学生讲述的事件更精确，若有需要可搭配字卡方式，让学生依实际情境作出适当的选择，再将字卡逐步褪除。

【后效】

当学生有说出正确反应时，教学者给予泛化制约增强并搭配描述反馈。

（六）"自动附加"数据记录单：

教学项目：<u>自动附加</u>　教学者：_____学习者：___						
长期目标：让学生在描述事件时，可依据直接看到、听到或由他人告知的不同情境选择适当的描述词汇，当教学者问"○○在做什么？"学生能够以"我看到""我听到"或"别人告诉我"的方式陈述这一事件达25种。每个时段10次教学，连续2个教学时段达80%正确，跨不同教学者与情境。						
日期	教学材料及目标语言刺激	反应				正确率
1 / 9	情景1：看到A老师在画画 情境2：听到小女孩在唱歌 情境3：被告知小明在打球 ……					
符号记录：正确反应+，错误反应—，提示下反应P，提示后独立反应P+						

注：可标注学生依据对情境的掌握度所选择的词汇。

🔍 教学信息箱

（一）教学项目的选择应以儿童生活中常会出现的活动事件为主，使教学与生活结合。

（二）教学材料的建议，需先确认安排的事件或情境是学生熟悉可以命名的，可以是某人在运动（投篮球、跳格子、跳绳等）、游戏（堆积木、玩车子、猜拳、玩大富翁等）等。

（三）表述量词的情境安排，可以是人潮、车潮、瓶罐的内容物、雪花片、积木等物品。

七、聚敛式 / 扩散式多重控制

? 教学理由

人类的语言大多是错综复杂的，初级语言操作提供了语言的基本架构，实际的人际互动中采用单一初级语言操作的却很少见。大部分的时候，我们所使用的语言都包含了不同种类的多重因果关联。针对语言的复杂性，Skinner 运用了多重因果关联的概念来分析。其中包含有聚敛式多重控制、扩散式多重控制。Feng、Chou 和 Tsai（2015）运用语言行为中聚敛和扩散式多重控制的原理，教导孤独症儿童回答分类的问题并学习提供多重解答。本课程即参照该研究期待能提供一个崭新的教学形式，增进其弹性及想象力。

✎ 教学程序

（一）整体学习目标：当教学者呈现多重刺激时，并要求学生能以多元反应方式回应该提问，以显示出聚敛式思考及扩散思考的能力。

（二）习得技能描述：当教学者的提问涉及 2 种以上语言操作刺激，并能依其提问回应五种以上反应。

（三）技能标准：学生能依多元刺激的提问，说出 2—5 种以上反应，每个时段 10 次教学，连续 2 个教学时段达 80% 正确，跨不同教学者与情境。

（四）泛化探测：在没有正式教学的情形下，学生能依提问自发说出正确的反应，以展现扩散思考的能力。

（五）"聚敛式 / 扩散式多重控制"教学单位：

1. 聚敛式+扩散式

教学阶段	动机操作	A	B	C
阶段一 聚敛式	确认学生的偏好物	情境：教学者与学生面对面坐着。教学者："请说出红色的水果。"	学生说出"草莓"	获得泛化强化物
		使用图片提示		
阶段二 聚敛式+扩散式	确认学生的偏好物	情境：教学者呈现数张事件图片。教学者："请说出红色的水果，至少3种"	学生说出"草莓""樱桃""苹果"	获得泛化强化物
		以3秒延宕提示，引导儿童说出答案，若没有出现，则给图片提示		

2. 扩散思考

教学阶段	动机操作	A	B	C
阶段一 聚敛式	确认学生的偏好物	情境：教学者与学生面对面坐着。教学者："长长的脖子、喜欢吃树叶、身上有斑纹的是…"	学生说出"长颈鹿"	获得泛化强化物
		使用图片提示		
阶段二 扩散式	确认学生的偏好物	情境：教学者呈现数张事件图片。教学者："请说出至少3种长颈鹿的特征"	学生说出"脖子长长的""喜欢吃树叶""是哺乳动物"	获得泛化强化物
		以3秒延宕提示，引导儿童说出答案，若没有出现，则给图片提示		

【前事安排与 S^D】

（1）确认学生的偏好物以增加学生学习动机。

（2）第一类型的教学刺激的安排，在分类基础上加上一种辨识刺激，先确认儿童已经具备该类型的分类能力。

（3）第二类型的教学是先从聚敛式的训练，再转换到扩散式的教学。

【教学提示】

（1）可采用图卡提示，必要时再加入复诵提示。

（2）转换阶段则采用时间延宕策略。

【后效】

当学生有说出正确反应时，教学者给予泛化制约增强并搭配描述反馈。

（六）"聚敛式／扩散式多重控制"数据记录表：

教学项目：聚敛式／扩散式多重控制　　　教学者：＿＿＿＿＿＿＿＿　　学习者：＿＿＿＿＿＿＿＿							
教学目标：学生能依多元刺激的提问，说出2—5种以上反应，每次教学呈现3—5种不同的提问，每个时段10次教学，连续2个教学时段达80%正确，跨不同教学者与情境。							
日期	教学材料及目标语言刺激	反应					正确率
1／9	提问1：说出3种圆形的玩具						
	提问2：说出3种红色的水果						
	提问3：说出3种会飞的交通工具						
	提问4：说出3种两条腿的动物						
符号记录：正确反应+，错误反应—，提示下反应P，提示后独立反应P+							

🔍 **教学信息箱**

（一）教学项目的选择应配合儿童偏好的物品为优先，以引发学习动机。

（二）教学材料的建议：

1.区辨刺激+类别：红色的水果、绿色的水果、黄色的水果；陆上交通工具、水上交通工具、空中交通工具；餐具类厨房用品、锅具类厨房用品等。

2.第二种类型的聚敛式教学，可搭配说者复杂命名中，刺激物特征的教学，将多种特征作为引发聚敛反应的刺激源。

（三）反应泛化的探测，可记录学生是否有出现自发未教过的反应，以确认聚敛式或扩散式思考能力已经产生。

（四）"聚敛式／扩散式多重控制"教学检核表：

项目	检核	备注
教学材料与指令		
确认学生的强化物与注意力	□是 □否	
第一类型的教学刺激的安排，从分类再加上1种辨识刺激，先确认儿童已经具备该类型的分类能力	□是 □否	
第二类型的教学是先从聚敛式的训练，再转换到扩散式的教学	□是 □否	
提示方式		
提示方式：图片，必要时加复诵	□是 □否	
褪除提示方式：提示后独立，或3秒固定时间延宕	□是 □否	
后效增强		
具体增强学生的正确反应	□是 □否	
泛化制约增强搭配描述型反馈	□是 □否	

参考文献

陈羿廷，2021，《使用多重范例教学建立自闭症类群障碍儿童的随机命名能力之研究》，硕士学位论文，彰化师范大学。

凤华，2005，《B. F. Skinner 语言行为（Verbal Behavior）与自闭儿童之语言教学》，《特教园丁》第3期：20-28。

凤华，孙文菊，于晓晖，2022，《共享控制(Joint control) 及其对听者语言教学之实务初探》，《特殊教育季刊》第163期：9-18。

蔡馨惠，2015，《语言行为》，载凤华等著《应用行为分析导论》，心理出版社。

J. Cooper，等，2012，《应用行为分析（Applied behavior analysis）》，凤华、钟仪洁、彭雅真译，学富文化事业有限公司。

张正芬，丘彦南，胡心慈，刘萌容，凤华，2024，《自闭症学生鉴定办法说明》，载陈明聪主编《特殊教育学生及幼儿鉴定办法说明手册》，台湾地区教育行政部门。

张明莉，凤华，2004，《单一尝试教学对初中自闭症学生电话使用之学习成效研究》，《特殊教育学报》第20期：25-56。

张春兴，1994，《现代心理学》东华书局。

张春兴，2011，《张氏心理学辞典（简明版）》，东华书局。

黄合贵，2018，《流畅度训练与准确度训练对孤独症成人的工作速度成效》，硕士学位论文，彰化师范大学。

Goswami, Usha，2003，《儿童认知》，罗雅芬译，心理出版社。

Binder, C. 1996. "Behavioral fluency: Evolution of a new paradigm." *The Behavior Analyst*, 19(2): 163-197.

Birnbrauer, J., Leach, D. 1993. "The Murdoch early intervention program after 2 years."

Behaviour Change, 10(2): 63–74.

Brown, R. 1968. "The development of wh questions in child speech." *Journal of Verbal Learning and Verbal Behavior*, 7: 279–290.

Bucklin, B. R., Dickinson, A. M., Brethower, D. M. 2000. "A comparison of the effects of fluency training and accuracy training on application and retention." *Performance Improvement Quarterly*, 13(3): 140–163.

Causin, K. G., Albert, K. M., Carbone, V., Sweeney-Kerwin, E. J. 2013. "The role of joint control in teaching listener responding to children with autism and other developmental disabilities." *Research in Autism Spectrum Disorders*, 7: 997–1011.

Clark, H. B., Sherman, J. A. 1975. "Teaching generative use of sentence answers to three forms of questions." *Journal of Applied Behavior Analysis*, 8(3):321–330.

Clough, C. W., Meyer, C. S., Miguel, C. F. 2016. "The Effects of Blocking and Joint Control Training on Sequencing Visual Stimuli." *The Analysis of verbal behavior*, 32(2): 242–264.

Delaney, P. F., Austin, J. 1998. "Memory as behavior: The importance of acquisition and remembering strategies." *The Analysis of Verbal Behavior*, 15, 75–91.

Feng, H., Chou, W. C., Lee, G. T. 2017. "Effects of Tact Prompts on Acquisition and Maintenance of Divergent Intraverbal Responses by a Child With Autism." *Focus on Autism and Other Developmental Disabilities*, 32(2): 133–141

Gilic, L., Greer, R. D. 2011. "Establishing naming in typically developing two-year-old children as a function of multiple exemplar speaker and listener experiences." *Analysis of Verbal Behavior*, 27: 157–177.

Greer, R. D., Du, L. 2010. "Generic instruction versus intensive tact instruction and the emission of spontaneous speech." *The Journal of Speech and Language Pathology-Applied Behavior Analysis*, 5(1): 1–19.

Greer, R. D., Keohane, D. D. 2005. "The evolution of verbal behavior in children."

Behavioral Development Bulletin, 12(1): 31-47.

Greer, R. D., Pistoljevic, N., Cahill, C., Du, L. 2011. "Effects of conditioning voices as reinforcers for listener responses on rate of learning, awareness, and preferences for listening to stories in preschoolers with autism." *The Analysis of Verbal Behavior*, 27(1):103-124.

Greer, R. D., Speckman, J. 2009. "The integration of speaker and listener responses: A theory of verbal development." *The Psychological Record*, 59(3):449-488.

Greer. R. D., Pohl, P., Du, Moschella, J. L. 2017. "The separate development of children's listener and speaker behavior and the intercept as behavioral metamorphosis." *Journal of Behavioral and Brain Science*, 7 (13) : 674-704

Holth, P. 2005. "An Operant Analysis of Joint Attention Skills." *Journal of Early and Intensive Behavior Intervention*, 2(3):160-175.

Horne, P. J., Lowe, C. F. 1996. "On the origins of naming and other symbolic behavior." *Journal of the Experimental Analysis of Behavior*, 65(1): 185-241.

Jahr E. 2001. "Teaching children with autism to answer novel wh-questions by utilizing a multiple exemplar strategy." *Research in Developmental Disabilities*, 22(5): 407-423

Krantz, P. J., Zalenski, S., Hall, L. J., Fenske, E. C., McClannahan, L. E. 1981. "Teaching complex language to autistic children." *Analysis and Intervention in Developmental Disabilities*, 1 (3-4) :259-297,

Koegel, L. K., Camarata, S. M., Valdez-Menchaca, M., Koegel, R. L. 1998. "Setting generalization of question asking by children with autism." *American Journal on Mental Retardation*, 102(4): 346-357.

Koegel, L. K., Koegel, R. L., Carter, C. M. 1998. "Pivotal responses and the natural language teaching paradigm." *Seminars in Speech and Language*, 19(4): 355-424.

Kubina, J. R. M., Wolfe, P. 2005. "Potential applications of behavioral fluency for students with autism." *Exceptionality*, 13(1): 35-44.

LaFrance, D. L., Tarbox, J. 2020. "The importance of multiple exemplar instruction in the establishment of novel verbal behavior." *Journal of Applied Behavior Analysis*, 53(1):10-24.

Lee, G. T., Singer-Dudek, J. 2012. "Effects of fluency versus accuracy training on endurance and retention of assembly tasks by four adolescents with developmental disabilities." *Journal of Behavioral Education*, 21(1): 1-17.

Lovaas, O. I. 1987. "Behavioral treatment and normal educational and intellectual functioning in young autistic children." *Journal of Consulting and Clinical Psychology*, 55(1): 3-9

Lowenkron, B. 1984. "Coding responses and the generalization of matching to sample in children." *Journal of the Experimental Analysis of Behavior*, 42(1): 1-18

Lowenkron, B. 1991. "Joint control and the generalization of selection-based verbal behavior." *The Analysis of Verbal Behavior*, 9(1): 121-126.

Arlene I. Moskowitz, David McNeill, 1972. "The acquisition of language: the study of developmental psycholinguistics." *Language*, 48(3): 747.

Michael J, Palmer, D. C, Sundberg, M. L. 2011. "The multiple control of verbal behavior." *The Analysis of Verbal Behavior*, 27(1): 3-22

Moin, F. K. Tia & Weinstein, Netta & Itzchakov, Guy & Branson, Amanda & Law, Beth & Yee, Lydia & Pape, Emma & Cheung, Rebecca Y. M. & Haffey, Anthony & Chakrabarti, Bhismadev & Beaman, Philip. 2024. "The effects of listening on speaker and listener while talking about character strengths: an open science school-wide collaboration." *Royal Society Open Science*. 11. 10.1098/rsos.221342.

Mundy, P., Crowson, M. 1997. "Joint attention and early social communication: Implications for research on intervention with autism." *Journal of Autism and Developmental Disorders*, 27(6): 653-676.

Parnell, M. M., Patterson, S. S., Harding, M. A. 1984. "Answers to wh-questions: A developmental study." *Journal of Speech, Language, and Hearing Research*, 27 (2): 297–305.

Pistoljevic, N., Greer, R. D. 2006. "The effects of daily intensive tact instruction on preschool students' emission of pure tacts and mands in non-instructional setting." *Journal of Early and Intensive Behavior Intervention*, 3(1): 103–120.

Palmer, D. C. 1991. "A behavioral interpretation of memory." In L. J. Hayes, P. N. Chase (Eds.), *Dialogues on verbal behavior: The first international institute on verbal relations*. Reno, NV: Context Press.

Rosch, E., Mervis, C. B., Gray, W., Johnson, D., Boyes-Braem, P. 1976. "Basic objects in natural categories." *Cognitive Psychology*, 8(3): 382–439.

Schlinger, H. D. 2008. "Listening is behaving verbally." *The Behavior Analyst*, 31(2): 145–161.

Schwartz, I. S., Garfinkle, A. N., Bauer, J. 1998. "The picture exchange communication system: Communicative outcomes for young children with disabilities." *Topics in Early Childhood Special Education*, 18(3): 144–159.

Secan, K. E., Egel, A. L., Tilley, C. S. 1989. "Acquisition, generalization, and maintenance of question-answering skills in autistic children." *Journal of Applied Behavior Analysis*, 22(2):181–196.

Shiffrin, R. M., Schneider, W. 1977. "Controlled and automatic human information processing: II. Perceptual learning, automatic attending, and a general theory." *Psychological Review*, 84(2): 127–190.

Sidener, T. M., Carr, J. E., Karsten, A. M., Severtson, J. M., Cornelius, C. E., Heinicke, M. R. 2010. "Evaluation of single and mixed verbal operant arrangements for teaching mands and tacts." *The Analysis of verbal behavior*, 26(1):15–30.

Sigman, M., Kasari, C. 1995. "Joint attention across contexts in normal and autistic children. " n C. Moore P. J. Dunham (Eds.), *Joint Attention: Its origin and role in development*. Hillsdale: Lawrence Erlbaum.

Skinner, B. F. 1953. Science and human behavior. New York: Free Press.

Speckman-Collins, J., Park, H. S., Greer, R. D. 2007. "Generalized selection-based auditory matching and the emergence of the listener component of Naming." *Journal of Early and Intensive Behavior Intervention*, 4(2):412−429.

Sundberg, M. L., Loeb, M., Hale, L., Eigenheer, P. 2002. "Contriving establishing operations to teach mands for information." *The Analysis of Verbal Behavior*, 18, 15−29.

Taylor, B. A., & Harris, S. L. 1995. "Teaching children with autism to seek information: Acquisition of novel information and generalization of responding." *Journal of Applied Behavior Analysis*, 28 (1): 3−14.

Tu, J. C. 2006. "The role of joint control in the manded selection responses of both vocal and non-vocal children with autism." *The Analysis of Verbal Behavior*, 22(1): 191−207.

Abou-Dahech, T., Diehm, E. A. 2019. " 'Wh' −Question Intervention for Children with Language Disorders". *EBP Briefs (Evidence-based Practice Briefs)*, 13(3).

Alberto, P. A., & Troutman, A. C. 2013. *Applied behavior analysis for teachers*. Upper Saddle River, New Jork: Pearson.

Anderson, J. R. 1995. *Cognitive psychology and its implications* (4th ed). New York City, New Jork : W H Freeman.

Cooper, J. O., Heron, T. E., Heward, W. L. 2007. *Applied behavior analysis* (2nd ed.). Upper Saddle River, New Jork : Pearson/Merrill-Prentice Hall.

Feliciano, G. M. 2006. *Multiple exemplar instruction and the listener half of naming in children with limited speaker abilities*. New Jork : Columbia University Press.

Frost, L., Bondy, A. 2002. *The Picture Exchange Communication System training manual* (2nd ed.). New Castle: Pyramid Educational Consultants.

Green, G. 1996. "Early behavioral intervention for autism: What does research tell us?" In C. E. Maurice, G. E. Green, S. C. Luce (eds.), *Behavioral intervention for young children with autism: A manual for parents and professionals* (pp. 29–44). Austin: PRO-ED.

Greer, R. D., Ross, D. E. 2008. *Verbal behavior analysis: inducing and expanding new verbal capabilities in children with language delays.* Boston: Pearson/Allyn & Bacon.

Leaf, R. B., McEachin, J. 1999. *A work in progress: behavior management strategies and a curriculum for intensive behavioral treatment of autism.* New York : DRL Books.

Lovaas, O. I. 1977. *The autistic child: language training through behavior modification.* New Jork : Irvington Publishers, Inc.

Novak, G. 2004. *Child and adolescent development: a behavioral systems approach.* Thousand Oaks : Sage.

Skinner, B. F. 1957. *Verbal behavior.* New Jork : Appleton-Century-Crofts.

Striefel, S. 1977. *Teaching a child to imitate: a Manual for Developing Motor Skills in Handicapped Children.* Chicago : H & H Enterprises, Inc.

Squires, K.E., Bickel, A. 2015. "Teaching Children with Autism to Ask Questions". *Journal of the American Academy of Special Education Professionals*, 125, 135.

Sundberg, M. L., Partington, J. W. 1998. *Teaching language to children with autism or other developmental disabilities.* Pleasant Hill: Behavior Analysts.